Online Merges with Offline
Survive in times without offline

オフラインのない時代に生き残る

アフターデジタル

日経FinTech
日経BP社

【まえがき】
アフターデジタル時代のビジネスの旗手へ

　本書は、「デジタルトランスフォーメーション」を行いたいと思いつつも、「何をしたらよいのか分からない」と悩んでいる方に向けて、「変革の武器」として使っていただくことを想定しています。

　この「まえがき」は、著者の1人である藤井保文が書いています。私はビービットという会社に所属し、この2年、様々な日本企業の幹部に対して、『チャイナトリップ』と称した「中国デジタル環境視察合宿」を行ってきました。ただ目新しいところを回ったり、中国企業の幹部とディスカッションしたりするだけの視察ではなく、視察の半分以上の時間を座学と議論で構成し、中国で展開されている新しいビジネスの裏側にある仕組みや、その奥にある新たなビジネス競争原理を説明してきました。

　この活動を通して感じたことは、日本のビジネスパーソンは「デジタルが完全に浸透した世界をイメージできていない」ということです。それは、たとえ大手企業やスタートアップの経営者であってもです。こうした状況に危機感を抱いています。今でも"米国の次の2番手"と、心のどこかであぐらをかいている日本の状況に対して、何をすべきか、ずっと考えてきました。これまでウェブ上での発信やセミナーでの講演などを行ってきたところ、予想を超える反響があり、より多くの方々に届けようと、このたび書籍にして体系的に説明することになりました。

本書には共著者がいます。『ITビジネスの原理』や『ザ・プラットフォーム　IT企業はなぜ世界を変えるのか？』（共にNHK出版）、『どこでも誰とでも働ける』（ダイヤモンド社）の著者である尾原和啓さんです。先の『チャイナトリップ』に参加され、日本の現状に対して熱く議論し、最も意気投合した方です。私の経験に、尾原さんの持つ膨大なグローバルの知識を統合することで、世界全体から見たデジタルの変化と、ビジネスにおいて必要な視点とアクションを提示できるようになりました。

オフラインは存在しなくなる

　現在、多くの日本企業は「デジタルテクノロジー」を積極的に取り込んでいますが、そのアプローチは「オフラインを軸にしてオンラインを活用する」ではないでしょうか。例えば、「オンラインでも実店舗のような接客を」とか、「無人レジを一部導入してみる」といった取り組みです。

　世界を見渡せば、例えば米国の一部地域、中国都市部、エストニアなどに代表される一部の北欧都市では、既に**オンラインとオフラインの主従逆転**が起きています。考え方のベースはオンラインであり、こちらが「主」。オフラインは「信頼獲得可能な顧客との接点」という位置づけで、こちらは「従」です。

　考えて見れば、モバイルペイメントが広がるとすべての購買行動はオンラインデータとしてIDにひも付きます。IoTやカメラをはじめとする様々なセンサーが実世界の接点に置かれると、人の購買行動だけでなく、あらゆる行動がオンラインデータ化します。つまり、**オフ**

ラインはもう存在しなくなるとさえ言えるでしょう。

「バリューチェーンからバリュージャーニーへ」

　こうなると、顧客接点データが膨大な量になり、企業間の競争原理は、顧客接点データを使ってどのように良いエクスペリエンス（体験）を作り、接点間を移動させ、いかにして自社サービスへの顧客吸着度を高めるかというものに変わってきます。「接点頻度を高くし、行動データを活用しないと他社に負ける」という構造になってくるのです。何のデータも取れない商品を作って売っているだけでは、新たな顧客行動の変化を捉えられず、競争力を生み出さないのです。

　「顧客接点データを多く持ち、それをエクスペリエンスの良さに還元する」という新たな改善ループをいかに高速で回せるか。これが新しい競争原理です。競争原理が変われば、当然産業構造は変わります。これまではメーカー主導で、バリューチェーンの上流のほうが偉く、顧客接点側はヒエラルキーの低い位置にいました。これからは顧客接点を多く持っているプラットフォームが偉くなり、単にモノを作っているだけのメーカーは「接点のうちの1つ」となる商品を提供する下請けになります。この新しい構造変化を、私たちは「バリューチェーンからバリュージャーニーへ」という言葉で表現しています。この構造変化は、過去30年の企業の株式時価総額の変動を見ても明らかでしょう。

社会システムがアップデートされる

　モバイルやセンサーが遍在すると現実世界にオフラインがなくな

り、「オフラインがデジタル世界に包含される」ようになります。そうした世界を私たちは「アフターデジタル」と呼んでいます。それに対して、「オフラインの世界が中心で、そこに付加価値的にデジタル領域が広がっている」という多くの日本人の捉え方は「ビフォアデジタル」と呼べるものです。

アフターデジタルの世界観は、あたかも「デジタルに住んでいる」ともいうべきもので、まだ日本ではあまり認識されていません。それもそのはず、まだ日本には到来していません。今の日本ではデジタル事例を「個別の取り組み」と捉えがちですが、デジタルが浸透すれば、社会システムそのものがアップデートされ、「点」ではなく「線」「面」としてつながっていきます。デジタル先進国・地域を観察すれば、もはやそれは実証されていると言ってもいいでしょう。

日本が世界に追いつき追い越していくには、「データ×エクスペリエンスの切り口で考え、新たな視野を獲得することが大事である」との思いを抱いており、それを形にしたのが本書であるとも言えます。

本書の構成

本書は日本のビジネスパーソンに警鐘を鳴らすだけではなく、「世界潮流から見たデジタルトランスフォーメーションの方法論」を提示します。その方法論を理解しやすくするために、中国をはじめとする各国の具体例を紹介しています。本書は、読者がこの先迷ったときに立ち戻れる役割を果たすほか、上司を説得する材料として、また、チームメンバーと「同じ絵を見る」ために役立つことでしょう。

本書は４章構成になっています。

第1章は「先進的な環境を事例で伝える章」です。世界で実際に起きていることを通して日本の遅れを事実として捉えながら、「社会システムの変化」という軸で深くお伝えします。私が住んでいる中国都市部の話が主になりますが、日本のメディアが伝えている表層的な話ではなく、現地の企業を訪問して議論した中で得られた情報を、「アフターデジタルという社会システムのアップデート」としてお伝えします。

第2章は「学ぶべき視点を抽出する章」です。本のタイトルで示している内容を、つぶさに説明した最も重要な章と言えます。転換点にいる今、「アフターデジタル」という世界観を理解し、そのビジネスにおける思考法として「OMO」（Online Merges with Offline）という概念を紹介します。第2章ではOMOに取り組む先進企業の「視点」を紹介し、さらに、「日本的な思考のどこにズレが起きがちなのか」を炙り出します。

第3章は「既存概念やトピックを新たな視座で捉え直す章」です。アフターデジタルという世界観で見つめ直すと、これまで当たり前だと認識していた概念や方法は、新たな解釈をするようになります。概念理解を促進することを目的に、思考訓練的に様々なトピックを考えます。

第4章は「日本企業の変革方法を考える章」です。第1章から第3章で紹介した先進事例はそのまま日本企業に適用できるわけではありません。国も違えば会社の文化も違います。そこで、私たちの経験か

ら、日本企業に合ったデジタルトランスフォーメーションの進め方を解説します。「必要なコンポーネント」を提示し、経営層と現場のそれぞれでできることを提案します。

　全体を通して、日本の状況に対して警鐘を鳴らすだけでなく、どこに立脚し、どのような視野を持つべきなのかという考え方を展開しています。こうした考え方は、日本の経営者や識者へのヒアリングだけでなく、中国で活躍するたくさんのビジネスリーダーと「裏側で何が起きているのか」「その時どのように考えていたのか」「新たな時代をどのように捉えるべきなのか」などと議論させていただいて、初めて成り立ちました。特に、アリババのUX大学元学長であるJoshua氏、先端R&D機関である達磨院Natural Human Computer interaction責任者であるPaul氏、アリペイで2017年まで代表をされていたLiang氏、テンセントでUXを司るCDCの総経理Enya氏には非常に深いインスピレーションをいただきました。私たちだけでは至ることのできなかった思考を共創してくださったことに感謝するとともに、彼らが共通で持っていた「日本からも多くを学ぼう」とする姿勢に、大きな尊敬の念を感じています。

　世の中を引っ張って変えていく意志を持ち、新たな時代のビジネスを構想・加速しようとするすべての方に、活動と思考の立脚点を固めるための基盤として、本書がお役に立てば幸いです。本書を読んで終わりにするのではなく、本書を武器として使っていただける方々には、引き続き情報発信や知見提供、ディスカッションができる場を設け、エクスペリエンスデザインという形でできる限りのご支援を行っ

ていきたいと思っています。学び・真似びの得意な日本が再びグローバルをけん引して活躍する日がいち早く到来することを、切に願っています。

著者を代表して
2019年1月　藤井 保文

目次

まえがき ──────────────────── 1

第1章 知らずには生き残れない、デジタル化する世界の本質 ── 11

1-1 世界の状況、日本の状況 ──────────── 12
1-2 モバイル決済は「すべての購買をIDデータ化する」── 17
1-3 シェアリング自転車は「生活拠点と移動をデータ化する」── 19
1-4 行動データでつなぐ、新たな信用・評価社会 ──── 22
1-5 デジタル中国の本質
　　データが市民の行動を変え、社会を変える ───── 27
1-6 大企業や既存型企業の変革好事例「平安保険グループ」── 34
1-7 エクスペリエンスと行動データのループを回す時代へ ── 42

第2章 アフターデジタル時代のOMO型ビジネス ～必要な視点転換～ ── 45

2-1 ビフォアデジタルとアフターデジタル ─────── 46
2-2 OMO：リアルとデジタルを分ける時代の終焉 ──── 54
2-3 ECはやがてなくなっていく ──────────── 67
2-4 転覆され続ける既存業態 ──────────── 76
2-5 日本企業にありがちな思考の悪例 ───────── 83
2-6 企業同士がつながって当たり前　OMOの行き着く先の姿 ── 97

第3章 アフターデジタル事例による思考訓練 ——— 111

- 3-1 GDPR vs 中国データ共産主義
  〜データの取り扱いをめぐる議論〜 ——— 112
- 3-2 「レアな接点」に価値がある時代 ——— 119
- 3-3 技術進化による「おもてなし2.0」 ——— 128
- 3-4 高速化・細分化・ボーダレス化する、これからのものづくり ——— 134
- 3-5 不思議で特異な日本の強み ——— 139

第4章 アフターデジタルを見据えた日本式ビジネス変革 ——— 145

- 4-1 次の時代の競争原理と産業構造 ——— 146
- 4-2 企業に求められる変革 ——— 160
- 4-3 日本企業が変わるには ——— 174
- 4-4 つながる世界での私たちのポテンシャル ——— 190

あとがき ——— 192

注
・本文中の人名などの敬称は省略しています。また、商標などを示す各種マークも省略してます。
・本書の内容は執筆時点の情報に基づいています。

第1章

知らずには生き残れない、デジタル化する世界の本質

1-1　世界の状況、日本の状況

　2025年まで日本企業のデジタルトランスフォーメーション（DX）が進まなければ、12兆円にも及ぶ経済損失が生じる——。これは、2018年に経済産業省が発表した「DXレポート」の内容で、「2025年の崖問題」として日本企業に警鐘を鳴らしています。

　ここ数年、あらゆる企業で「デジタルトランスフォーメーション」の重要性が高まっています。IT技術の発展に伴うビジネス構造の変化は様々な分野で起こっていて、蒸気機関車、電気エネルギー、コンピュータに次ぐ「データ産業革命」とも、そのインパクトの大きさから「第4次産業革命」とも呼ばれています。経営学者でマーケティングの大家、フィリップ・コトラーは「デジタル化するか、さもなくば死か」という名言も残しています。それくらい、いま起こっている市場環境の変化は激しく、変化を乗り切るためにデジタルトランスフォーメーションが必要不可欠だということです。

　しかし、デジタルトランスフォーメーションとはいったい何なのか、そのために具体的に何をすればいいのか、分かっている人は少ないのが現状でしょう。日本における状況を見ると、まだデジタルトランスフォーメーションの本格的な変化の波は訪れていないと思います。ただ世界を見渡せばデジタルによる進化はめまぐるしく、日本は世界から学ぶことが重要です。

いくつかの国の例を紹介しましょう。

電子国民化が進むエストニア、
マイクロチップ決済のスウェーデン

　エストニアは、世界で最も政府の電子化が進んでいる国です。外国人にも電子居住権「e-Residency」を発行し、簡単に「電子国民」になれます。電子居住権は日本の戸籍とは異なるものですが、エストニアでは行政のほとんどがデジタル化されているので、電子居住権を持つことで、エストニア国内での起業の手続きが簡易になったり、永久に使えるビザが発行されたりします。

　ある日本人ビジネスマンがエストニアを視察で訪れたとき、滞在中、把瑠都 凱斗（バルト カイト）というエストニア出身の力士の個人情報がオンライン上のデータとして見ることができたそうです。その内容は多岐にわたり、所有する不動産などの資産、あらゆる納税額や土地の登記、登録している免許といった個人情報がオープン化され、逆にバルト側からは、日本から来た人が自分のデータを見た履歴が分かる仕組みになっていたそうです。

　このように国民のデータをオープン化していることで、例えば強盗が起きたら、その時点で急に所持金が増えている人をすぐにスクリーニングして調査できるので、犯罪抑止になるという発想です。基本的にはすべての個人情報をオープンにしているのですが、例外があります。生命と結婚に関わるライフイベントはオンラインだけでは完結せず、証明書の発行のために役所を訪れなければならないようです。

次はスウェーデンです。日本ではようやく話題になってきたキャッシュレスですが、スウェーデンではもはやキャッシュレス決済は当たり前で、QRコードすら過去の産物になりつつあります。今では、人間の体内に注射で埋め込んだ、とても小さいマイクロチップでデジタル決済を行っているそうです。電車に乗るとき、改札口のゲートで、チップを埋め込んだ手の甲をピッとかざして電車やバスに乗ります。マイクロチップには移動データはもちろんのこと、その人の個人情報まで入っています。レストランやショップでの会計も手をかざすだけという、SFさながらの世界が日常になりつつあるのです。

　お隣の中国ではインターネット人口が8億人を超え、その97%がスマートフォンを保有し、都市部に至っては、スマートフォン保有者の98%がモバイル決済を行っているとの調査結果があります。それくらい、キャッシュレス化が進んでいます。実際、中国の都市部で暮らしている私（藤井）も、現金や財布を持ち歩かない生活が当たり前で、その代わりにモバイルバッテリーを持ち歩いています。単にキャッシュレス化されただけではありません。タクシーの配車、食事や医薬品の配達など、全部アプリ上でオーダーから支払いまで完結するシステムが整い、社会基盤として根付いています。

　一方で日本はというと、本書を書いている2018年末時点では、各社の決済サービスが乱立し、キャッシュレス決済がなかなか普及しないという状況が起きています。韓国や米国では4割以上の支払いがキャッシュレス決済なのに対し、日本では2割程度にとどまり、いまだに現金決済が主流です。その理由として、各社のサービスや端末、決済方法がバラバラで、利用者もお店も対応しにくい状況になっており、買い手と売り手にとってのメリットやインセンティブが分かりに

くいことが指摘されています。

　ある意味、日本的な文化だと思いますが、個別のサービスが「点」で終了して、「線」としてのつながりが弱いため、使い勝手が向上しないことが原因でしょう。もちろん「支払いはすべてSuica」という方も増えてはいると思いますが、他の国と比べてみると、普及の規模は比較になりません。

圧倒的な進化を遂げる中国のIT事情

　近年、中国は「デジタル先進国」として注目されています。約14億人の国民が生み出すビッグデータと優秀なIT人材、政府の強力な後押しによって、新たな社会インフラサービスを高スピードで生み出しています。中国で生まれた技術や事業モデルが、今後の世界のIT革新の道標になっていくことを見据え、最近では中国視察に行く日系企業が年々増えています。私自身、中国でビジネスをしているので、日系企業を対象に中国視察や研修を行っていますが、この「第4次産業革命」ともいわれるデジタルトランスフォーメーションを本質的に理解しようとすると、1回の視察旅行ではなかなか難しいのが現状です。

　例えば、視察に参加した方のコメントとして「中国は中央集権の共産党社会だし、労働賃金が安いからできることですよね」というご指摘があります。誤解を恐れずに言えば、これが視察後の結論となった場合、「この視察は失敗」と思うようにしています。

　確かに、中国IT技術の躍進には、政治的な背景が寄与していると

思いますが、中国で起きているのと同様のデジタルトランスフォーメーションは、米国、スウェーデン、エストニア、インドにも起きています。日本も遅れ早かれ、この潮流に巻き込まれていくことは避けられないでしょう。

　こうした**世界の変化において一番重要なことは、「オフラインがなくなる世界の到来」**です。今まではデータとして取得できなかった消費者のあらゆる行動が、オンラインデータになって個人のIDとして結びつくのです。例えば、私がコンビニでビールを買うとします。これまでなら企業側は、どの店舗でどの銘柄が何本売れたかまでは把握できても、購買者の世代や性別、ビールの銘柄までは分かりませんでした。キャッシュレス化が普及すれば、購買者の情報と購入履歴がひも付けられますから、私がどういう嗜好で、どの店舗をよく利用するのか、どんな支払い方をするのかまで可視化される時代になるということです。

　電車やタクシーに乗るときにモバイル決済を使用すれば、誰がどこからどこまで移動したという履歴がデータとして蓄積されます。また、常時オンライン接続していたり、IoTセンサーが街中に設置されていたりすれば、膨大な行動データが生み出されていきます。「次々とデータが生み出される」という状況が一番重要なポイントで、このようなデータを基にサービスが生み出されると考えるのではなく、社会基盤そのものが再構築され、ビジネスモデルもルールも抜本的に変わっていくと捉える必要があります。つまり、「デジタルによる社会システムのアップデート」が起きるのです。それは、**単体事例の先進性を見ていては分からない**ことです。

そうした時代に備えて、企業やビジネスリーダーがなすべきことは何でしょうか。それを見いだすために、まずは「デジタルによる社会システムアップデート」の例として、デジタル先進国である中国の現状を見ていきたいと思います。

1-2　モバイル決済は「すべての購買をIDデータ化する」

　中国社会を大きく変えたものの1つに「モバイル決済」があります。主流はアリババ・グループの「アリペイ（Alipay）」とテンセントの「ウィチャットペイ（Wechat Pay）」です。

　「アリペイ」は、タオバオをはじめとしたECサイトを中心に2004年から利用されていたエスクローサービス（商取引の際に信頼の置ける第三者を仲介させて取引の安全を担保する第三者預託）に端を発し、中国モバイルペイメント業界で約54％のシェア（2017年第1四半期、アント・フィナンシャル発表）を占める世界最大の第三者決済サービスです。

　一方の「ウィチャットペイ」は、ウィチャットというコミュニケーションアプリの中にある決済機能です。ウィチャットの月間アクティブユーザー数（利用者の延べ人数）は2018年3月時点で10億人に達し、ウィチャットペイはリアルの小売店だけでなく、特に個人間送金を中心に利用されています。中国では今、ショッピングからタクシー

や電車の交通費、自動販売機、割り勘などの個人間のお金の交換まで、この2つのアプリですべて完結できます。

　キャッシュレスがどのくらい普及しているのか、中国で暮らす私（藤井）の経験をお話します。先日、日本でいう「パスモ」のような交通系カードにチャージしようと駅に現金を持っていったところ、現金を入れることのできる発売機がなくて困ってしまいました。また、先日コーヒーショップで現金を使おうとしたら、「おつりがないから待っててくれ」と言われ、隣のお店から小銭を借りてきていました。それほど、中国では現金を使わなくなっています。キャッシュレス決済の普及率は都市部だけではなく中国全土に広がっていて、先日チベットに行った方は「チベットでもモバイル決済ができた」と言っていました。さらに、ニュースにもなっていましたが、路上生活者もQRコードを掲げ、神社のお賽銭も賽銭箱がなくなって、代わりにQRコードが貼られているという状態です。

　私の会社では、コーヒー好きの社員がエスプレッソのコーヒーマシーンを購入して設置しています。コーヒーを飲みたい人は量に応じて3元〜5元を電子送金で支払うシステムになっていて、以前は小銭を入れる箱があって、そこに直接現金を入れていたのですが、ある時からアリペイのバーコードが印刷されて壁に貼られ、そこから支払うようになりました。

　ある日、気づいたらアリババの公式QRコードが貼られているので、「どうしたのか」と尋ねてみたら、コーヒー代という名目で1日に何度も送金していたので、アリババ側が「この人はコーヒーのマイクロビジネスを行っている人だろう」と想定し、アリババのロゴが入った

QRコードを勝手に自宅に送ってきたそうです。それくらい中国ではキャッシュレス決済が浸透していて、どこでも使える環境が整っています。

「とてつもなく浸透していること」よりも、これによって「あらゆる消費者の購買行動のデータが取れるようになった」ことが重要です。アフターデジタルという世界を理解する上で、これらの購買データは「この人が何をどこで買うのか」という接点情報になりますし、会社のコーヒーマシーンの例では「この人はスモールビジネスを行っている人だ」といったことまで可視化されるようになります。ただこのような「リアルの購買データもデジタル化される」ということは、アフターデジタルを理解する上では氷山の一角でしかありません。

1-3 シェアリング自転車は「生活拠点と移動をデータ化する」

2016~2018年のホットトピックだった中国のシェアリング自転車は、「リアル移動データのオンライン化」として見ることができます。

シェアリング自転車を使ったことがない人もいると思いますので、まずは簡単に使い方を説明します。利用者はまずシェアリング自転車サービスのアプリをスマートフォンにダウンロードし、100元から200元程度（約1700円から3400円）の保証金を支払って、会員登録を済ませます。会員登録した会社の自転車のハンドルやサドルの下に

ついている専用QRコードを、スマホのカメラ機能で読み込むと、自転車のロックが自動的に外れます。

　利用料金は時間制で、中国だと1回30分の利用で1元（約17円）程度と、極めてリーズナブルです。アプリを開くと街中のどこに空きバイクがあるのかが分かり、他の人に取られないように予約することも可能です。格段に便利なのは、ステーション型といって駐輪場が決まっている方式ではなく、乗り捨てができる点です。目的地に着いたら自由に乗り捨てできるシステムなので、かなり便利です。私自身、いまではシェアリング自転車が主な通勤手段になっています。

　シェアリング自転車の勢力図は目まぐるしく変わり、2017年後半頃から運営会社が乱立し、一時は数十社にまで膨れ上がったこともあります。2018年初頭では「オッフォ」（Ofo）と「モバイク」（Mobike）の2社が主流となり、他のプレイヤーは淘汰されるといわれています。この2社が勝ち残った大きな理由は、常にサービスを改善して磨き込み（これを「体験磨きこみ競争」と呼ぶ）、とにかくユーザーに使ってもらうように努力し続けたことです。潰れていった多くのシェアリング自転車サービスは、自転車とアプリを世に出したらその後はほったらかすというケースがほとんどでした。一方でオッフォとモバイクは互いにアプリのユーザーインターフェースだけでなく、再配置の仕組みや自転車自体の乗り心地などを短期間に改善したのです。ユーザーが使ってくれれば利用料が入ります。それを投資にサービスを磨いたり、新型の自転車の数を増やしたり、キャンペーンを実施したりしたのです。

　本書を執筆している2018年末の状況はさらに一変していて、上海

ではモバイクと、新たにアリババが始めた「ハローバイク」という2社が強く、オッフォも含めた既存プレイヤーは一掃されつつあります。最近では、潰れた会社が自転車の回収・撤去を行わなかったり、デポジット分のお金をユーザーに返さなかったりといた様々な社会問題も話題になりました。

シェアリング自転車サービスは、収支を安定させるのは難しく、上記のような社会問題も引き起こしていますが、なくなることはないと思います。ユーザーにとって欠かせない移動インフラになったということももちろんありますが、**「今までオンライン化されていなかった移動データが活用可能になる」**ことが大きな理由です。

移動データは大きく2つのことに活用できます。**1つは自治体による交通データとしての活用**です。特にアリババはスマートシティにも注力しており、ハローバイクをそうした都市に投入することで、交通量の可視化やコントロールが可能になります。**もう1つはマーケティング活用**です。例えば、私は月曜から金曜の毎日朝8時台に家から会社までモバイクを使い、私の友人は土日にモバイクを使ってよくサイクリングをしています。前者のデータは、例えばレストランやショッピングモールのレコメンド最適化に活用可能（通勤エリアの近くにあるお店をお薦めするなど）ですし、後者のデータは運動習慣、つまりライフスタイルを知ることができます。

現に、モバイクは「美団」という会社に買収されたのですが、この会社は日本の「食べログ」のようなサービスや、デリバリーフードサービスを手掛けています。モバイクそのものというより、モバイクで集めたデータを活用するための買収と捉えることもできます。

余談ですが、中国では、モバイク買収のようにリアルを活用したオンラインサービスが発展したのですが、その背景には、オンライン上での顧客獲得単価が上がり過ぎてしまい、リアルの顧客データのほうが高効率になった、という事情があります。実店舗や路上を活用したサービスを提供したほうがデータを集めやすい、というわけです。

1-4　行動データでつなぐ、新たな信用・評価社会

　モバイル決済ツールの浸透、そして、シェアリング自転車などデジタル技術にひも付いた新しいサービスの普及によって、より多くの行動データが集まると、新しいことができるようになります。それが、「信用経済・評価経済の活用」です。最近は日本でもヤフー、NTTドコモ、LINEが自社保有のビッグデータを基に独自のサービスを開発していますが、中国は既に先を行っていて、中国の社会システムに変化をもたらしています。

　有名な例として、アリペイを提供しているアリババ傘下の金融会社「アント・ファイナンシャル」が2015年にはじめた「ジーマ・クレジット（芝麻信用）」があります。ジーマ・クレジットは単体サービスではなく、アリペイの機能の1つです。アリペイは既に広く利用されており、高級ブランドの店舗から商店街の個人商店、屋台、タクシー、映画館、水道代、電気代、携帯代、さらには税金まで、それらすべてをアプリから支払える状態にあり、そうした支払いデータを収

集できます。

　また、アリババはもともとECであるため、オフラインだけでなく、オンラインの購買データも最も多く所有しているのです。アント・ファイナンシャルはこうしたデータを活用し、具体的にはアリペイの利用履歴を中心に、提携サービスの利用状況やアリペイ上の友人も含めて膨大なデータを集め、それらをAIでデータ分析してユーザーの「信用スコア」を算出しています。

　「ジーマ・クレジット」と呼ばれるこのスコアは基本的に「支払い能力」を可視化したもので、評価軸は「個人特性」「支払い能力」「返済履歴」「人脈」「素行」で、スコア幅は350点〜950点です。スコア精度は高く、ユーザーから信頼されています。ジーマ・クレジット機能の利用者は、アリペイ公式サイトによると5億2,000万人にも及びます。

　ジーマ・クレジットは出身大学や職業を自分で登録することで点数を上げることもできるので、社会的な信用度を示すようにもなっています。なぜ、多くのユーザーが自ら情報提供してまでスコアを上げることにやっきになっているかというと、点数に応じてアリババ・グループやその提携企業、団体が提供するサービスを利用する際に特典を受けられるからです。例えば、賃貸の敷金やホテル、レンタカーサービス、海外旅行時のWi-Fiレンタルのデポジットが不要になるとか、街中で傘や充電器を無料でレンタルできるなどといった特典が受けられます。

　さらに、海外の渡航ビザの取得プロセスが短くなる、賃貸物件を借

りやすくなる、個人融資を受けやすくなる、婚活でモテる……など、信用スコアの普及と共に、様々なメリットが波及しているといわれています。2018年10月には、650点以上の人を対象にアリペイ上で相互保険「相互宝」が発売され、一定信用のある人のみを対象にしたという安心感と、ボタン1つで入れるという気楽さから、2週間で2,000万人の加入者が集まりました。

ディストピアかユートピアか

　日本でジーマ・クレジットが報道されることはありますが、その際、負の側面にスポットライトを当て過ぎているように思います。よくある報道は、信用スコアが下がり過ぎて新幹線のチケットが買えなくなったとか、ディストピア的な管理社会につながるといった悲観的な内容です。私は実際中国に住んでいて、窮屈で肩身の狭い実感はありません。むしろ、信用スコアのサービスは「データを提供すると点数が上がってメリットがもらえるゲーム」といった印象です。

　その背景には、中国にはこれまでまともな与信管理がなく、多くの人が信用情報を持っていない状態にあったため、個人貸付などがまともにできなかったという現状があります。さらに、都市戸籍を持つ人と農村戸籍を持つ人は生まれながらにして権利が違い、農村戸籍を持つ人が都市に住もうとすると、社会保障・生活保障制度がなく、医療保険も年金もまともに受けられず、家を借りる時にも優先されないという状況でした（現在、中国政府が2020年までにこの格差をなくすと発表し、実現方法を議論しています）。

　そのため、上海に出稼ぎに来た農村部の人は家を借りにくかった

り、仕事につきにくかったりして、生活が大変だったのですが、このジーマ・クレジットがあれば、たとえ農村部出身でも、努力をして高い点数が得られれば、スコアを担保に信用がつくようになって、選択肢が増えるようになっています。ジーマ・クレジットのような与信システムが導入されたことで、もともとあった階級社会の格差を乗り越え、努力すればいい待遇が受けられる仕組みに是正されたと見ることもできます。

　実際、ユーザーはゲーム感覚でジーマ・クレジットの点数をアップさせ、個人の信用度の証明としてSNSに自分のスコアを開示している人もいます。最近では日本のメルカリのようなCtoCサービスにおいて、出品者がスコア点数を自ら掲載している人もいます。アプリの検索エンジンでは「ジーマ・クレジットの点数600点以上の人から買う」という絞り込みができるようになりました。実際にユーザー調査でヒアリングすると、「私はジーマ・クレジット700点以上の人からしか買いません」と言う人も珍しくありません。

企業側のリスクと人件費を削減できる信用スコア

　企業は「ジーマ・クレジット」のような信用スコアを与信審査の一環として活用することができます。企業は使用金額を支払ってユーザーの信用スコアを参照し、就職の面接や物件を貸すかどうかの審査、婚活のマッチングの指標などに活用しています。企業は信用スコアを活用することで取引上問題を起こしそうな人物を事前に避け、取引コストや与信の確認に伴うチェックや人件費を減らすことができるわけです。そもそも、顧客の信用度を確認するために様々な書類を確認するという業務は、企業にとっては余計なコストでしかありませ

ん。あらゆる角度からデータを集めて信用に足るスコアリングを可能にしたことは、余計な手続きを減らし、ユーザーにも企業にもメリットをもたらしました。

　これは私の主観ですが、**信用スコアが浸透してから中国人のマナーは格段に上がったように**感じられます。以前は、電車から人が降りる前に乗り込んだり、順番を守らなかったりするのが常態化していました。中国は基本的に性悪説で、他人を信用せず、損したら負けという価値観があります。日本では「お天道様が見ている」という考え方（ある意味それも社会監視ですが）があるおかげで、「他人には迷惑をかけない」「礼儀正しく親切な態度を取る」ということが社会的に評価される共通概念があります。

　中国では文化大革命の後、そうした儒教的な文化や考え方が一度リセットされたのです。そうした状況で信用スコアという評価体系が登場したことで、**「善行を積むと評価してもらえる」**と考えるようになりました。文化や習慣ではできなかったことが、データとIT技術によって成し遂げられようとしているのです。政府による管理社会の構築に今後使われてしまう、という怖い側面がないとは言い切れませんが、現状の「善行を積むとメリットがある社会の実現」は、デジタルによる社会システムのアップデートの一例と言えるのではないでしょうか。

　ささいな例ですが、先日、コーヒーショップにカメラを置き忘れてしまったところ、店員と近くにいたお客さんが、すぐに走って追いかけて届けてくれました。お礼を言うと、「問題ないよ。それより、ドアを開けっぱなしで出ていくなよ」と言われて苦笑したことがありま

す。以前は他人を信用しない不信社会だった中国ですが、急激におもてなし社会に変貌しつつあります。5年ぶりや10年ぶりに中国に来た日本人は、あまりの変化に皆驚いています。

1-5 デジタル中国の本質
データが市民の行動を変え、社会を変える

「中国がおもてなし社会化している」という変化は、信用スコアだけによってもたらされているわけではありません。行動データを基にした信用・評価のシステムがいろいろなサービスに適用され、善行を積むとメリットがある状況が当たり前の環境になっているからです。その最も良い例が、タクシーの配車アプリ「ディディ（滴滴、Didi）」です。ウーバー（Uber）のようなアプリの配車サービスですが、私個人としてユーザー側から見ると、体験の快適さはウーバーとは段違いです。

ディディには、普通の流しのタクシー、快速タクシー、プレミアタクシー、ラグジュアリータクシーの4種類があり、後者ほどサービスのグレードが上がります。流しのタクシーと快速タクシーは通常の個人タクシーとほぼ変わりませんが、プレミアタクシーになると、ドライバーがスーツを着ていて、運転もうまく、乗車席にはミネラルウォーターが置いてあります。一番上のラグジュアリータクシーになると、車種はベンツかBMWかアウディで、乗車席にはお菓子や水が置いてあり、好きな音楽をかけることもできます。

ただし、快速タクシーと比べるとラグジュアリータクシーの価格は、同じ距離でも9〜10倍の違いがあります。

例えば、何人か部下を連れてご飯に行くときは快速タクシー、出張で空港に行くときは、走行距離が長いし飲みものも欲しいのでプレミアタクシー、接待ならラグジュアリータクシーと状況に応じて乗り分けられ、ユーザー視点で見るとかなり便利です。

評価技術が従業員を改善

ディディのサービスはユーザー視点で語られることが多いのですが、そうした良さを生み出している鍵は、ドライバー側の評価の仕組みにあります。

それを説明する前に、ウーバーの評価システムを説明しましょう。ウーバーでは、ドライバーと乗客の相互評価が基本です。乗客は、ドライバーの運転マナーや乗り心地、接客態度を評価し、ドライバーは乗客が悪い客でなかったかどうかを評価します。中国でこれをやるとどうなるかというと、「5元をあげるから、俺に5点の評価をくれ」というワイロが発生するでしょう。すると、せっかく高いお金を出してグレードの高いタクシーに乗ったのに、「荒い運転で怖い思いをした」「接客マナーが悪かった」となってしまい、グレードの高いタクシーには誰も乗らなくなってしまいます。

ディディの評価の仕組みはウーバーとは異なります。ユーザーが嫌な思いをせず快適な乗車時間を過ごすために、ディディはごまかしができない評価システムを導入しています。まず、ドライバーの給料

は、先ほど紹介した4種類のグレードによって決まります。高いグレードほど給料は高く、最初は流しのタクシーからスタートします。評価システムで点数が上がると上のグレードの受験資格が得られるので、みんな頑張ってグレードを上げようとします。

　これだけではありません。**秀逸なのは、ユーザー満足度をデータで取得して計測している点です**。主に以下の3つのデータを取得しています。

　1つめは、「配車リクエストに対する応答時間」です。ユーザーがアプリで配車をオーダーした際、すぐリアクションしたかどうか、ということです。「リクエストを安請け合いして後でキャンセルする」といったことをしないように、キャンセル・レートもデータとして残しています。

　2つめは、「配車リクエストを受けた後のユーザーを待たせた時間」です。アプリでオーダーが完了すると、ユーザー側には「到着推定時刻はあと3分です」という通達が出ます。その通達通りに到着しているかどうかを計測しています。ドライバーの都合で寄り道できないようになっているのです。

　3つめが一番重要で、GPSとジャイロセンサー（加速度センサー）のデータを測定し、安全運転をしているかどうかを測定しています。ドライバーのアプリには最短距離と時間が表示されますが、「制限時間内に到着すればよい」となってしまうと、少しでも早く到着するために、めちゃくちゃな運転になる可能性があります。実際、流しのタクシーがちょっと急いでいるケースだと、二車線変更など当たり前

ように起こるのが中国です。事故のリスクも高まるし、ユーザーに不安な思いをさせてしまいます。そこで、ドライバーにはディディのドライバー専用アプリを絶えず開かせておき、GPSとジャイロセンサーのデータを取得し、速度超過や急ブレーキ、急発進などが分かるようになっています。

　タクシーの評価といえば車内がきれいかどうか、接客が良いかどうかなどがすぐに思いつきますが、それらは本当に満足度を左右する要素ではなく、最も満足度を高めるのは「**安心して素早く目的地に行けること**」です。そこに**直接的に関わるポイントのみデータを取得し、評価に反映させる仕組み**を作っているのです。ドライバーは「何をすれば点数が上がるか」が分かっているので、その評価スコアを高めるためにコツコツ善行を積むというわけです。

　以前のタクシーは、乗客が同じ車に繰り返し乗ることはほとんどないので、ドライバーは「カスタマーサービス」にそれほど気を配る必要はないと考えられてきました。実際、ドライバー評価システムが導入されるまで「タクシー車内は俺の城」といった状況でしたが、評価システムの導入で明らかに変わりました。ドライバーは頑張れば給料が10倍にまで上がり、高いグレードのドライバーは「信頼できる人」として個人融資を受けることさえできると言われています。ドライバーの給料というインセンティブと、タクシー体験の快適さをマッチングさせたシステムであり、ユーザーにもドライバーにも、そしてディディにも、かつ社会にも良い状況を生み出しています。

　上から2番目のプレミアタクシーになると、トランクに荷物を入れてくれたり、降りる時には「乗ってくれてありがとう」とお礼を言わ

れたりすることもあります。以前の中国と比べると、驚くほどの変化です。

ディディがすごいのは、良くも悪くも徹底的に性悪説で、放っておいたら何をするか分からないので、「人は実利主義である」という認識の下、マナーの向上やサービス品質を一つひとつデータにとって可視化し、ドライバーに課題を課す仕組みを作って解決したことです。

広がるインセンティブシステム

このようなインセンティブシステムは広がりを見せています。例えば、ウーバーイーツ（Uber Eats）のようなフードデリバリーサービスの配達員向けにインセンティブシステムが作られており、こうした仕組みがあることから、労働階級の人がどんどんディディやフードデリバリーに流れてくるようになりました。従業員からすれば、何をどう努力すれば評価されて昇進できるかが明確だとモチベーションは上がるものです。データを活用した仕事の評価システムの導入で従業員が変わり、その広がりで社会全体が変わって民度が上がるという現象が起きています。それが、今の中国の現状です。

米国ではモバイルユーザーの25%がウーバーを使ったことがあると言われていますが、ディディは中国のモバイルユーザーの約40%の人が使うサービスになっています。

ここまでタクシー配車アプリのプラスの面を紹介してきましたが、今でも乗客殺害事件が起きたり、不当にスコアリングをされたことによる事件が起きたりしているのは事実です。大きな変化に対してすべ

ての人が移り変われているわけではありません。その点は、正しく認識しておいたほうが良いと思います。

日本での「信用スコア」はどうなるか

　日本でも信用スコアに取り組む企業が増えてきましたが、ビジネス上のメリットにだけ目を奪われてそのままアイデアをコピーすると、日本と中国の状況の違いから痛い目を見る可能性は低くありません。

　状況の違いとして、まずはデータ量の差があります。アリババが信用スコアで成功し、テンセントがこれに追いつけない理由の1つに、アリババがオンラインとオフラインの双方を含めて膨大な購買データを持っていることが挙げられます。日本ではここまでのデータを持つことが難しいので、信憑性が低く、あくまで米国のクレジットスコアに近いことしかできないのではないでしょうか。モバイル決済が広まると、少し状況は変わるかもしれませんが、中国のようにインフラサービスとして機能するほど普及するかどうかは疑問があります。

　また、日本で信用スコアのアイデアを議論していると、スコアの低い人には罰則など、不利なシステムにしてしまうケースが多く見られます。ですが、自分がユーザーだとして、罰則のあるサービスを使いたいでしょうか。中国のサービスはスコアの低い人に罰則を与えるような仕組みにはなっていません。中国の先進企業では「ユーザーに好きになってもらって、高い頻度でずっと使ってもらえないと死んでしまう」という感覚が染み付いていますので、よほど犯罪に近い行為を行わない限り、スコアが下がることはありません。基本的には「良いことをし続けると、メリットが返ってくる」という加点方式なのです。

「じゃあビジネスにとっての旨味は？」というと、中国でまともに行うことができなかった個人向けの融資が、精度の高い与信管理によって効率よく実施できるようになります。これを見越しているからこそ、アリババにはアント・ファイナンシャルという金融会社があるわけです。また、スコアを高くしたいという思いを喚起することで、手に入りにくい属性データをユーザー自身に入力させることができ、さらに質の高いデータを獲得し、金融だけでなくマーケティングに活用することができます。その意味では、金融が弱く、ECも弱いテンセントにとっては、この情報はあまり活用価値のないデータなので、テンセントは本気でこのサービスのシェアを取りに行こうとはしていません。

　ディディが構築したような評価システムを使ったサービスは、活用示唆にあふれています。ユーザー側とビジネス側、双方の異なるインセンティブの体系を見極め、それらのデータを活用して厳密に評価することで、三方良しを実現しています。このようなシステムから日本企業は大いに学ぶべきでしょう。中国の若い先進企業とこうしたアイデアを話すとき、いつも「**それは、買い手と売り手にとってどんなメリットがあるの？**」という質問が出てきます。実利主義だからこそ、インセンティブ設計をしっかり行い、Win-Winの関係を作ろうとするのです。日本企業はサービスを単純に模倣するのではなく、こうした姿勢から学び、ユーザーの生活や社会システムをどうアップデートするのかという視点で考える必要があると、強く感じます。

1-6 大企業や既存型企業の変革好事例「平安保険グループ」

　これまで紹介した企業は、いわゆるIT系やスタートアップ企業の事例が中心でした。アリババも社歴は18年目に入りましたが、もともとはデジタル系のスタートアップです。アフターデジタル時代に突入して以降、こうしたスタートアップ企業が台頭しているのは事実ですが、既存企業で成功しているケースもあります。ここからは中国平安保険（ピンアン）グループという保険会社を紹介します。

　平安保険は、1988年に中国・深センで創業した保険会社です。いわゆる既存型企業ですが、保険事業から保険銀行投資と拡大して金融系全般、さらには医療や移動、住居などの生活サービスにまでビジネスを拡大し、2017年からの1年で株式時価総額は倍の約21兆3,000億円に到達するという異例の躍進を遂げています。2018年末の**株式時価総額ランキングでは、私企業の中ではアリババとテンセントに次いで第3位にランクインしています**。IT企業が覇権を握る時代に、なぜ保険会社が急成長したのでしょうか。その秘訣をひと言でいうと、「エクスペリエンス×行動データを重視し、長期的かつ徹底した顧客志向経営を行った」となります。具体的にひも解いていきましょう。

保険事業の弱点を乗り越えるデジタルサービス

　保険会社の従来型事業は、アフターデジタルの世界では大きな弱点を抱えています。オフラインがなくなり、モバイル、センサー、IoT

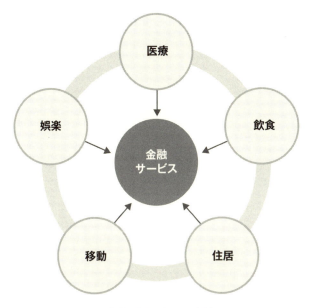

- **医療**「平安ドクターアプリ」
- 移動「平安好車主」
- 娯楽「ポイントサイト平安万里通」
- 住宅「平安好房」
- 金融「陸金所（Lufax）」 etc.

図表1-1　平安保険のビジネス

などによってユーザーとの接点が増え、そこで集めた行動データがビジネスを左右するにもかかわらず、保険会社は顧客との接点が少ないのです。保険はいったん購入したら、その後は被保険者がけがをしたり入院したりするまでユーザーと会う機会はなく、さらに更新が自動化されていれば、ユーザーと企業の接点はほとんどありません。

　平安保険はこの弱点を危機と理解し、打開策として2013年、中核

第1章　知らずには生き残れない、デジタル化する世界の本質　35

だった金融ビジネスの枠を超え、デジタルサービスを使った生活圏へとビジネスを拡大する戦略を取りました。医療、移動、住居、娯楽といった生活圏にサービスを拡大していくことで、顧客接点を得ようとしたのです（図表1-1）。

積極的な企業買収を行い、現在は多くのサービスを展開しています。例えば、医療・健康支援アプリ「平安好医生」（グッドドクターアプリ）、自動車メディア「汽車之家」（汽車の家）、マイカー管理アプリ「平安好車主」（カーオーナーアプリ）、デジタル決済とEC機能を持つ「壱銭包」（ワンウォレットアプリ）、カーローン機能を含む家探しアプリ「平安好房」（グッドハウスアプリ）などがあります。

特に成功しているのが「平安グッドドクターアプリ」という医療系アプリです。2018年1月時点で1億9,700万人の利用者を獲得しており、おそらく現在のユーザー数は2億人を超えているはずです。これほど多くのユーザーを獲得した理由を理解するには、以前の中国の医療事情を説明しなければなりません。

例えば、上海には多くの開業医がいますが、医療サービスの品質はピンキリで、良質な医師に当たれば良いのですが、悪意を持った医者に当たってしまうと、いいかげんな処方箋で高額な医療費を請求されたり、生命の危機にさらされたりすることもある状況だったのです。そうなると総合病院のような人気の病院に人が殺到するようになり、その結果、「整理券が発行されてから診察まで7日待ち」という状況が起こってしまいました。

すると今度は、整理券を複数枚とって転売する人が出てきて、整理

券のダフ屋が横行したのです。整理券が1枚7万円で転売されていたというニュースを見たことがあります。そこまでしてやっと診察を受けることができても、受けられる診察はわずか数分といったことも珍しくありません。

開業医全体の評判が悪いことから、真っ当な開業医は市民に信用されず、暇を持て余していたのです。「患者の分配が正しく行われていない」という、日本では考えられないような悲惨な状況がありました。

病院予約のペインポイントを解決する機能

そうした問題を解決するために、平安は「平安グッドドクターアプリ」を開発しました。重要な機能は大きく3つあります。

1つめは、医師のネットワークと協力関係を結び、アプリ上で開業医に無料で問診できる機能です。例えば「子どもの体調が悪いけど、どうしたらいいのか分からない」という時、このアプリの問診で症状を書けば、2分以内に医師からの回答が届きます。この回答から「いますぐ病院に行ったほうがいい」のか「安静にしておけば大丈夫」なのかが分かるだけでも便利ですが、もしすぐに病院に行かないといけない場合、2つめの機能の出番です。

2つめは、アプリでの病院予約機能です。病院と医師を選び、診察の予約手続きまで済ませることが可能です。例えば、アプリ上で「上海　整形外科　平安おすすめ」と入力すると、自宅や今いる場所を起点に、「800m、1.1km、2.3km」と距離が近い順から病院のリストが出てきます。よくあるサービスは「病院を選んで終了」だと思います

が、このアプリでは、病院を選んだあと、次に医者のリストが表示されます。中国人は、「どんな病院かより、どんな医者かのほうが重要だ」と考えているからです。

　医者のリストをクリックすると、それぞれの卒業大学、論文歴、受賞歴などプロフィールを確認することができます。信頼できる医師かどうかを自ら確かめて判断できるわけです。さらに、医師の評価スコアやユーザーからのフィードバックも読むことができるので、そのデータを見た上で医師を選び、予約フォームを開いて、医師の空き状況を見ながら予約を完了することができます。

　整理券のダフ屋が横行していたことを思うと、このシステムは画期的でした。患者は信頼できる医師と病院をすぐに見つけられ、開業医は信用してもらえ、総合病院に殺到していた患者が街の開業医に再分配されるようになりました。患者にとっても開業医にとってもWin-Winなアプリであることから、2018年夏に直接、平安保険から聞いた話では、医師のネットワークは2018年で4万人、登録病院数は3,200に達したそうです。

　3つめの機能は、「ユーザーが歩くだけでたまるポイントシステム」です。いうならば単なる歩数計機能ですが、歩いてたまったポイントを、アプリ内の健康食品、美容品、医薬品の購入時にお金として使うことができます。これだけ聞くと、なんとなくよくありそうな機能に聞こえるかもしれませんが、秀逸なのは、**ユーザーは1日が終わる前に1度アプリを開き、「歩いた分を換金する」というボタンを押さないと、歩数がリセットされてしまうという仕組み**です。そのためユーザーは、必ず1日に1回はアプリを開く行動が習慣化しています。

行動データは最強の営業ツール

　この話を日系企業の方にすると「すごいですね。でもこのアプリはどうやってマネタイズをしているのですか」という反応が返ってきます。大きく分けて2つ、事業貢献するポイントがあります。

　1つは、約2億人のユーザーとの接点を持つことができるようになったということです。1日に1回アプリを開いたとき、企業側が見せたい画面や動画を見せることができるので、交通広告やテレビ広告に高額な予算投下をしなくても、自社商品やサービスのレコメンドができます。従来であれば、ブランドイメージを作るために商品広告を出すことがマーケティング投資の王道でしたが、接点を多く作って行動データを活用する時代に突入した結果、「顧客体験による価値提供でユーザーを集める場を作る」という新たな広告投資の姿が見えてきています。デジタル系スタートアップが単年度売上など無視し、行動データ獲得やユーザー集めのために利益度外視の打ち手を売ってくることも少なくありません。実際のところ、平安グッドドクターアプリはユーザーの生活を支えているため、「平安は自分たちの生活を支えてくれる良い会社」というブランディングにつながっています。

　もう1つは、企業にとって「営業ツール」になるということです。平安保険の営業員が保険を売りに行ったものの「すぐには売れないな」と思った場合、保険を売らずにアプリだけ無料でダウンロードしてもらいます。「ウチで作った医療アプリがあって、お医者さんの検索や病院の予約もできて、すごく便利で評判なんですよ、ぜひダウンロードだけでもしてみてください。あ、こうやって登録するんですよ」と言って、ログインまでしてもらうのです。

実際に使ってみると、ここまで紹介したように、医療面でのペインポイント（＝いわゆる「悩みの種」）を解決してくれる優良なアプリだと実感してくれます。そうすると、「良いアプリを教えてくれた」営業員と判断され信頼を得ることができます。

　アプリを使ってさえもらえれば、潜在顧客の行動がデータとして見えるようになります。アプリを使い始めてから数日たつと、コールセンターから営業員に連絡が入ります。「あなたがアプリに新規登録をさせたＡさんは、あの後、ガンの情報をある程度調べた上で、無料問診サービスでお医者さんにこんな相談をして、来週病院を予約したところなので、ぜひ連絡して、こんな感じの話をしてみてください」といった内容が知らされるのです。

　そこで営業員はＡさんに電話をかけ、「最近、体調は大丈夫ですか。病院とか行っていませんか？」と既に知っていることをあえて聞きます。当然Ａさんは病院を予約しているわけですが、「そういえば、お子さんがいらっしゃいましたよね？　一緒に病院に連れて行かれるのって大変じゃないですか？　その日、私は時間があるので、お子さんを見ておきますよ」と提案をしてくれるのだそうです。

　こうなると、Ａさんにとってその保険営業員は親切な人として身近に感じてくれます。ここまで来れば、保険会社を選ぶ場面で、必ず平安保険が選ばれるようになります。そもそも保険商品の微細な違いを理解できるユーザーはほとんどいないので、自分にとって身近な人から購入すると安心できるからです。

　このアプリは「すぐに売上につなげるのではなく、平安保険を好き

になってもらい、ずっと寄り添うことを重視する」という徹底した企業戦略のもとで開発されています。接点作りはアプリに任せ、信頼を獲得するために営業員を使い、ユーザーに寄り添う効果を最大限に高めているわけです。

デジタル化が進んだ世界の人的リソースの使い方

　平安保険の株式時価総額は2倍に伸び、営業員をどんどん増やしています。デジタル化が進むとAIに仕事を奪われるという指摘がありますが、実際は新しい形のビジネスに再編され、新たな仕事が誕生するでしょう。

　平安保険の例では、医療プラットフォームに乗ってもらうための密なコミュニケーションのために人を配置しており、新たな時代の人的リソースの使い方として、1つのあるべき姿を提示しているように思います。人が個別対応するからこそ潜在顧客にアプリの使い方を丁寧に教えることができ、しっかり使い方を覚えたユーザーからは詳細な行動データを取得することができます。**デジタルと行動データを駆使して最適なタイミングで最適なコミュニケーションを取れるようになり、全体的な営業工数や負担はむしろ減り、効率化されます。これによって空いた時間は、より信頼を創るコミュニケーションに当てることで、ユーザー側にも企業側にもメリットがある仕組みになっている**と言えます。このようなWin-Win関係を作る仕組みは、中国企業の特徴です。

1-7 エクスペリエンスと行動データの ループを回す時代へ

　ここまで説明してきたことをまとめると、あらゆる行動が活用可能なデータになったことで、ユーザーの趣向が時系列で把握でき、「今欲しい」というタイミングも分かり、そのタイミングで価値やニーズを提供するというビジネスが誕生しています。こうしたビジネスは、IT企業やスタートアップだけでなく、平安保険のような従来型企業であっても既に提供を始めています。

　すべての事例で共通していることは、エクスペリエンスと行動データのループが競争原理の根幹になっていることです。具体的には次のようなことです。

・オフライン行動のすべてがデジタルデータ化し、その保有と活用が鍵になる。
・行動データは1人当たりの量が重要であるため、ユーザーとの接点は高頻度であるほうが望ましい。
・行動データをため続けるには「楽しい、便利、使いやすい」といった体験品質の高さが必須になる。
・データを活用することで、適したタイミングで適したコミュニケーションでのアプローチが可能になり、体験がさらに良くなる。

　「消費はモノからコトへ」と長く言われ続けていますが、アフターデジタルにおいては、**「顧客体験」**や**「ジャーニー」という言葉を**

使ったほうが適切です。「コトが重要ではない」ということではありません。多くの日本企業は商品の背景にあるブランドストーリーとして「コト」を提供し、実際、うまくいっていると思います。この財産はアフターデジタルでも間違いなく活かせます。

　ここで言っている顧客体験やジャーニーとは、もっと長い時間、ずっと寄り添い続けるようなビジネスモデルの話です。これまでは、例えばスニーカーを売るのであれば、マイケル・ジョーダンを起用して、テレビで大きく広告を打って、誰が見たかは分からないがとにかくスニーカーショップに人が集まり、大量販売して終了だったわけです。デザインがかっこいいとか機能性が高いとかイメージが良いとか、とにかくいいモノを作ってそこに情報の付加価値を付けることに重きが置かれました。

　これに対し、デジタル時代のビジネスは寄り添い型になります。スニーカーは、ユーザーにとって「健康的な生活をする」ための1つのパーツになるのです。スニーカー自体がいいモノであることはもちろん重要で、それに加えアプリで走行距離やマラソンのイベントに参加できたり、オンライン上でスニーカーをカスタマイズできたりするといった、継続的な価値提供を融合して初めて寄り添い型になります。スニーカーという商品はあくまで、価値を体験し続ける上での「様々な接点の1つ」と見なされるわけです。

　オンラインがオフラインを侵食して溶け込み、ユーザーのあらゆる行動データが一つひとつ取得できる時代になったので、そのデータをフル活用してユーザー体験を高めていくビジネスモデルを構築できます。もっといえば、そうしたモデルを早く構築した企業が勝ち残るの

です。平安保険が急成長したのは、こうしたビジネスモデルを構築できたからです。

　次の章では、ここまで説明した事例を基に、「どのような視点転換が必要か」という議論に入っていきます。

第2章

アフターデジタル時代の OMO型ビジネス 〜必要な視点転換〜

2-1 ビフォアデジタルと
アフターデジタル

　本書のタイトルになっている「アフターデジタル」という世界観について説明します。これまでのリアルとデジタルの認識は、「オフラインのリアル世界が中心で、付加価値的な存在として新たなデジタル領域が広がっている」という図式でした。この状態を「ビフォアデジタル」と呼んでいます。

　しかし、モバイルやIoT、センサーが遍在し、現実世界でもオフラインがなくなるような状況になると、「リアル世界がデジタル世界に包含される」という図式に再編成されます。こうした現象の捉え方

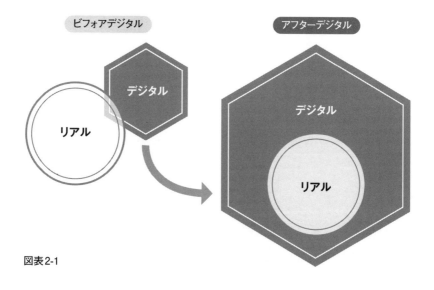

図表2-1

を、私たちは「アフターデジタル」と呼んでいます（図表2-1）。

　アフターデジタルの社会では、人は常時デジタル環境に接続している状態になり、リアル行動も含めたあらゆる行動データが蓄積されます。それは、第1章からも分かると思います。企業側からすると、ユーザーとの接点が急激に拡大し、リアルの場所は「密にコミュニケーションできるレアな接点」になると言えます。ビジネスパーソンである皆さんの考え方に沿って言い換えると、以下のような転換です。

【ビフォアデジタル】リアル（店や人）でいつも会えるお客様が、たまにデジタルにも来てくれる。

【アフターデジタル】デジタルで絶えず接点があり、たまにデジタルを活用したリアル（店や人）にも来てくれる。

　デジタルトランスフォーメーションを推進する上で、この考え方に転換できるかどうかが最も重要ですが、ビフォアデジタルにどっぷり浸かっていると、非常に難しい思考法になります。「デジタルツール」という言い方がありましたが、もはやリアルの方が「ツール」になります。

　つまり、「デジタライゼーション」の本質は、デジタルやオンラインを「付加価値」として活用するのではなく、**「オフラインとオンラインの主従関係が逆転した世界」**という視点転換にあると考えます。完全なオフラインはもはや存在せず、デジタルが基盤になるという前

提に立った上で、いかに戦略を組み立てていけるかという思考法が必要不可欠になります。

「デジタルトランスフォーメーション」という言葉は、企業のためにあるのではありません。社会インフラやビジネスの基盤がデジタルに変容(トランスフォーム)することを指しているのです。基盤が変化するわけですから、私たちの視点もそれに合わせて変えていかないといけない、ということだと思います。ビフォアデジタル的な世界の捉え方や視座を持ったまま、デジタルトランスフォーメーションを叫んでいる。今の日本はそんな状況にいると感じています。

リアルな生活がオンライン側に移行した時代

アフターデジタルとは、ある意味「デジタル側に住む」という感覚なのですが、これは既に日本の若い世代では数年前から見られ始めています。例えば、学校には友だちがいないけど、インターネット上で同じミュージシャンやアニメが好きな人とすぐに、リアルタイムにつながれるので、仲間がたくさんいる、といった若い人たちの生活スタイルはその1つの例です。**リアルよりデジタルのほうがマッチング精度は高く、コミュニケーションハードルも低く、彼らにとって「リアル」な人間関係を築きやすいのです。**もちろん、学校に同じ趣味趣向を持った人がいるかもしれませんが、日常生活では、なかなかそういう話ができる機会や場所はありません。

こんな話を聞きました。家に引きこもりがちな大学生の息子を心配した父親は、友人に頼んで飲みに連れ出したそうです。するとその大学生は、飲み屋に着くと突然スマホを開いてツイキャスを始めたそう

です。リアルでの友だちは少なくても、オンライン上には仲の良い友だちがたくさんいたのです。その中には会ったことがない人も多かったようですが、本人としてはオンライン上のほうが気持ちを素直に吐露でき、"リアル"な関係だと感じているようです。「リアルの場では話すことができなくても、Twitterでは本音を書けるし、そこでつながれる仲間がいる。だからこそ、実生活で何か特別な瞬間があったときには、ツイキャスをして『いまこんなことをしているよ』と発信してシェアすることで、遠くにいる仲間とコミュニケーションをとって盛り上がっている」というのです。こうしたことは特殊なケースではなくなってきています。

若い社員が会社で理不尽に感じる企業文化として、コミュニケーションは「対面」が一番上、次に「電話」、その次が「メール」という価値観があります。「仕事中にスカイプやLINEでコミュニケーションするな」という従来型のマナーです。

既にデジタル側に住んでいる人たちからすると、**リアルチャネルはデジタルに包含された一部のツールなので、メールより、スカイプで直接顔を見てコミュニケーションしたほうが便利**と実感しており、頭ごなしに「ダメ」と言われるのは理解できない理屈です。デジタル技術のおかげで時間や距離の制約を取り払えるのに、メールを送った後に「いまメールを送りました」と電話をかけて確認してくるクライアントに首をかしげる新入社員がいるというのは、よく聞く話です。

「そんなのはリアルじゃない！」と言われがちですが、アフターデジタルの論理で生きている人にとっては、デジタルに拡張された世界自体がリアルなのです。ビジネス上の関係しかなかったけど、フェイ

スブックでつながったら意外とひょうきんな人で、近い趣味があることが分かり、そこで知ったことを話題にして会話が増える、なんてことは大人の皆さんにもよくあるはずです。それが拡張してリアルとデジタルの主従が逆転した、または溶け合って違いがなくなった状態だということです。

人と場所の役割　――リアルアセットの持つ意味とは？

　日本は「人の接遇」や「ものづくり」に強みがあるといわれます。リアルのアセットを持っていてもアフターデジタルの世界観では意味がないのかというと、そんなことはありません。リアルチャネルは「密にコミュニケーションを取れる貴重な接点」なので、**リアルチャネルにはより高い体験価値や感情価値が求められ、十分に強みを発揮すべきポイント**になります。

　第1章で説明した平安保険の「平安グッドドクターアプリ」でも、アプリを使い始める際に営業員を派遣し、アプリの良さや使い方を懇切丁寧に説明していました。**つまり平安保険は、彼らの経済圏や世界観に顧客をオンボードさせるための信頼とインストラクションを、人というリアル接点で行っている**のです。だからこそ、アフターデジタルに対応しながらも、営業員を増やしているわけです。

　先日、平安保険のロイヤルカスタマーにインタビューをした際、こんなことを言っていました。

・・

「平安保険は、生活上の問題を解決してくれる、頼りになる友だちみた

いな存在だ。疑問があったら解決してくれるし、健康も保障してくれる。健康アプリは毎日使っているし、お小遣いアプリも週に1度くらいは使っている。でも、一番初めに保険営業員の人が親身に相談に乗ってくれて、正しい提案をしてくれ、デジタルサービスを教えてくれなかったら、ここまでの存在にはならなかったし、アプリをこんなに使うことはなかった」

....

　ここまでのロイヤルティを一保険企業に対して持てるというのは、アフターデジタル型の接点構成でビジネスモデルを展開しているからこそだと考えます。

　リアルとデジタルの役割の逆転を含む「アフターデジタル型の接点構成」は、2018年に話題になった「カスタマーサクセス理論」における接点の考え方である、ハイタッチ、ロータッチ、テックタッチと非常に親和性が高いです（『カスタマーサクセス　サブスクリプション時代に求められる「顧客の成功」10の原則』（英治出版）参照）。

　この考え方は、「3つのレバレッジ力の異なる接点を組み合わせて顧客との関係を築いていくべきである」と説いています。ハイタッチは人が個別対応する最も密接な接点、ロータッチは人が複数人を相手にする接点、テックタッチは人数制限なく展開可能で、人が介在する必要のない接点（オンラインサロンなどで介在する場合もある）を指しています（図表2-2）。基本的には「顧客をより良い状態に導くために、顧客の階層に応じて対応レベルを使い分け、顧客の成功と自社の収益とが両立する合理的なバランスを取る」としています。平安保険の例では、これらを同じ顧客に対しても複合的に使っている傾向があります。

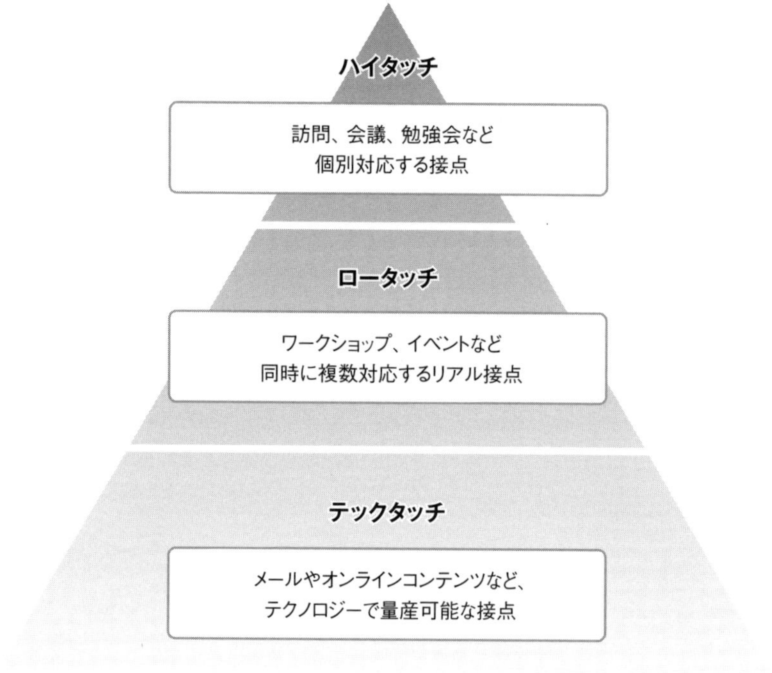

```
        ハイタッチ
   ┌─────────────────┐
   │ 訪問、会議、勉強会など │
   │  個別対応する接点   │
   └─────────────────┘

        ロータッチ
   ┌─────────────────────┐
   │ ワークショップ、イベントなど │
   │ 同時に複数対応するリアル接点 │
   └─────────────────────┘

        テックタッチ
   ┌─────────────────────────┐
   │ メールやオンラインコンテンツなど、 │
   │  テクノロジーで量産可能な接点   │
   └─────────────────────────┘
```

図表2-2

　この考え方はSaaSをはじめとするデジタルサービスを前提にしているため、アフターデジタルの考え方と親和性が高いと言えます。多くの顧客と頻繁に接点を取る土台としてテックタッチがあります。平安保険の例では、平安グッドドクターアプリやその他のデジタルサービスがこれにあたります。

　「人が集まる場」であるロータッチの分かりやすい例は、店舗やイベントです。ここでは詳述しませんが、平安保険も1年に1度大きなイベントを開催しています。アフターデジタル化が進んでいる米国や

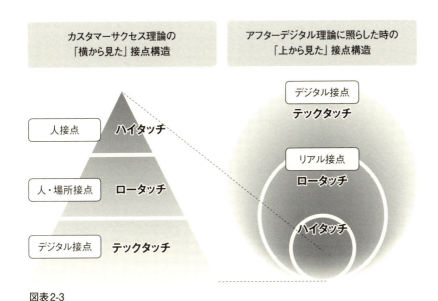

図表2-3

　中国では、「リアルは体験価値の提供や信頼獲得ができる貴重な接点」と理解されており、それが旗艦店のデザインなどに落とし込まれ、重要な役割を果たしています。例えば上海には、スターバックス・リザーブ・ロースタリーという焙煎所のついた大きなスターバックスや、NikeのThe House of Innovationというデジタル融合型体験店舗、次世代電気自動車ブランドNIOによる第2の家をモチーフにしたNIO HOUSEなど、「ウェブでシェアしきれない体験」を詰め込んだ旗艦店が次々と造られています。

　ハイタッチの例としては、既に説明している平安保険の営業員が挙げられます。また、無人レジのコンビニに行けば分かりますが、実はたくさんの「人」がいます。「人」同士のコミュニケーションはウェットであり、温かいつながりを作るために活用されているのです。この

あたりは、第3章で改めて説明します。

ここまでの説明をより深くご理解いただくために、図表2-3のような図を作ってみました。カスタマーサクセスとアフターデジタルに共通する接点構成は、図のような「円錐」で捉えると分かりやすいと思います。

2-2 OMO：リアルとデジタルを分ける時代の終焉

オフラインからオンラインへと生活基盤の移行が進む中、いまビジネスを行う私たちにとって必要なことは何でしょうか。その1つの解として私たちが考えているのが、**アフターデジタル時代における成功企業が共通で持っている思考法としての**「OMO（Online Merges with Offline、またはOnline-Merge-Offline）」という概念です。これは、オンラインとオフラインが融合し、一体のものとして捉えた上で、これをオンラインにおける戦い方や競争原理として捉える考え方を意味しています。

これまでは「インターネットをどうビジネスに活用するか」という考え方だったと思います。しかし今では、「リアルな場所や行動も常時オンラインに接続している環境」が整っているので、「オフラインが存在しない状態」を前提として、ビジネスをどう展開していくかを考える必要があります。アフターデジタルという世界観を正しく理解し、

行動データや接点を正しく使うことができないと、世界的なデジタル企業に太刀打ちできないという時代になってしまったということです。

中国平安保険を例にOMOを説明します。彼らは従来型の大手保険会社でしたが、その思考法を抜本的に改革することで成功しました。これまで保険という商品は、営業員が属人的に持っている情報に依拠していることが多く、その営業員が辞めたり他社に転職したりすると、ユーザー情報も丸ごとなくなってしまうくらいの損失がありました。言い方を変えると、たとえ優秀なマーケターであっても、ユーザーが普段ネットでどんな情報を検索して、いま何が不安で、何を求めているのかは、正確には分からず、顧客と接している営業員だけが知りえた情報だったというわけです。

そこで平安保険は、グッドドクターという医療・健康アプリを作りました。これはプラットフォームであり、そこにユーザーを集めて自由に行動してもらうことで行動データを集め、医療に関する興味、関心、不安をデータとして吸い上げる仕掛けを作ったのです。ユーザーの関心が詳しく分かれば、健康に関するペインポイントが浮き彫りになります。一人ひとりのペインポイントが具体的に分かれば、営業員やマーケターに具体的な指示を出して問題解決をしたり、細やかにニーズに応えたりできます。まずはユーザーの行動データをできる限り収集し、リアルとデジタルをフル活用して連携を取るという施策です。これは、まさにOMOの好例といえます。

OMOの由来、発生条件、言葉の真意

OMOという言葉は、グーグルチャイナの元CEOで、現在シノベー

ションベンチャーズを率いる李開復（リ・カイフ）が2017年9月ごろ提唱し始めた言葉です。2017年12月のザ・エコノミスト誌にて掲載されたことで、広く知られるようになりました。

　李開復は、オンラインとオフラインが融合した社会そのものをOMOと呼び、著書で次のように述べています。

・・・

「ソファに座って口頭でフードデリバリーを注文することや、家の冷蔵庫にあるミルクが足りないことを察知してショッピングカートへの追加をサジェストすることは、もはやオンラインでもオフラインでもない。この融合された環境をOMOと言い、ピュアなECからO2Oに変わった世界をさらに進化させた次のステップである」

・・・

　李開復は、事例としてシェアリング自転車やタクシー配車、デリバリーフードなどを説明し、OMOの発生条件として次の4つを挙げています。

- **スマートフォンおよびモバイルネットワークの普及**。いつでもどこでもデータを取得でき、我々に遍在的な接続性をもたらす。
- **モバイル決済浸透率の上昇**。モバイル決済は少額でもどんな場所でも利用が可能になる。
- **幅広い種類のセンサーが高品質で安価に手に入り、遍在する**。現実世界の動作をリアルタイムでデジタル化し、活用が可能になる。
- **自動化されたロボット、人工知能の普及**。最終的には物流（サプライチェーンプロセス）も自動化することが可能になる。

これら4つの条件が満たされると、「リアルチャネルであってもオンラインで常時接続し、その場でデータが処理されてインタラクションすることが可能になるため、オンラインとオフラインの境界は曖昧になり、融合していく」と述べています。

　本書ではOMOを、当初李開復が示した「オンラインとオフラインが融合した社会」から一歩進め、「オンラインとオフラインを融合し一体のものとした上で、**これをオンラインにおける戦い方や競争原理と考えるデジタル成功企業の思考法**」としています。これには、中国の先進企業と日本企業、双方での議論を重ねて私たちがくみ取った意味合いを含んでいます。

　中国ではもはや言う必要がないくらい、デジタル起点でビジネスを考えています。中国では、オフラインがなくなってアフターデジタル社会になると、「オンラインが起点でありベースである」「リアルチャネルは、より深くコミュニケーションできる貴重な場とする」ということは当たり前だと思われています。中国では既にOMOが当たり前になってしまっているので、2018年の後半には既にあまり使われない言葉になりました。

　一方、日本企業では「リアルで顧客と接点があり、たまにオンラインで会える」といったビフォアデジタル的な捉え方にとどまっています。

　こうした背景から、中国では単純に「オンラインとオフラインの融合」と表現すれば意味するところは伝わるのですが、ビフォアデジタルから抜け切れていない日本では「デジタル側が土台になっている」という前提条件もなくデジタル接点もまだ少ないため、オンラインと

第2章　アフターデジタル時代のOMO型ビジネス〜必要な視点転換〜　57

オフラインの融合と言ってしまうと「今あるオフラインを軸に、オンラインをくっつければよい」と考えてしまいます。

　だからこそ、OMOは「オンラインとオフラインを融合し一体のものとした上で、これをオンラインにおける戦い方や競争原理と考えるデジタル成功企業の思考法」と捉えることが必要なのです。言い方を少し変えてみると、「オンラインとオフラインは融合してボーダレスになり、どこでもオンライン化した状態になるため、デジタル起点の考え方が必要である」となります。

なぜオンライン企業がオフライン店舗を持つのか

　私（藤井）がOMOという言葉を初めて聞いたのは2017年12月でした。ある日系自動車メーカーの方と一緒に視察チームを作り、中国で有数の自動車業界向けオンライン媒体「ビットオート」（易車）を会社訪問したときのことです。訪問する前は、ビットオートをオンラ

図表2-4

イン・カーメディアだと思っており、日本のメディア「カーセンサー」に代表されるような、新車、ドライブ、改造情報などを掲載しているサービスの運営会社だろうと思っていたのです。ところが実際に訪問すると、まるで違いました。

　ビットオートの戦略部門の方が、図表2-4を見せながら自社の紹介をしてくださった際、こんなことを語ったのです。

「我々がやりたいのはこの図の通りです。免許を取る、車を買う、車を使う、車を売る、そしてまた買うプロセスに戻る、これを我々は顧客中心の『カーライフサイクル』と呼んでいます。このカーライフサイクルのすべてをデータで明らかにし、それによって、より顧客中心のカーライフを提供することが我々の使命です。そのために、この図に登場する様々な企業に投資したり提携したりしています」

　ビットオートは、カーライフにまつわるエコシステムを作っているプラットフォームプレイヤーだったというわけです。例えば、洗車やパーキング、車の保険、ユーザーのドライブ歴を記録するアプリや免許に関するサービスなどに投資や提携をしています。そして、様々なサービスから得られたデータをサービス開発やコンサルティングに活用し、ビットオートの子会社であるデータコンサルティング会社は、既に約7割のカーメーカーが頼る企業に成長していると言います。

　訪問した際、視察チームから1つの質問をしました。事前の情報として、ビットオートは実店舗を出しており、店舗ではBtoC向けの相

談にも対応するカー・コンサルティングサービスのほか、車に関するメンテナンス品を販売していることを知っていました。これに関して腑に落ちていなかった私たち視察チームは、

「御社はオンライン企業なのに、今は実店舗を持っていて、メンテナンス品を売ったり、toC向けのコンサルティングを提供したりしていますよね。オンライン企業がなぜ、お金もリソースもかかるオフラインチャネルの店舗を出すのでしょうか。O2O戦略があれば具体的に聞かせてください」

と聞いてみたのです。

　するとビットオートの方は少し困った顔をしながら、このように答えました。

「オンラインとかオフラインとか、そのようにチャネルで分けて考えてはいないんですよ…そもそもそういうチャネルで分けた考え方は、すごく企業目線だと思っています。今の時代は、**OMOともいわれるように、オンラインとオフラインは既に溶け合って違いはなくなりつつあると考えるのが当たり前なんです。顧客はチャネルで考えず、その時一番便利な方法を選びたいだけですから**」

　これを聞いた私たち日本の視察チームは、「顧客中心で崇高なこと

を言っている」ようにしか聞こえず、今思うと思考がビフォアデジタルだったため、その意味するところを理解できていませんでした。

ところが、翌日別の企業を訪問した際、まったく同じようなことを言われたのです。同じ日系企業の方々と一緒に、BtoC向けECサイトとそのロジスティクスを運営する「ジンドン」(京東、JD.com)という会社を訪問しました。無人サービスの開発部署を訪問し、無人コンビニや無人配送などを見せてもらった上で、前日と同じ質問をしました。

「オンライン企業である御社が、なぜオフラインの無人コンビニを展開する必要があるのでしょうか。O2O戦略があれば教えてください」

すると、次のような答えが返ってきました。

「もうO2Oの時代ではありません。店舗というリアルチャネルであっても、ユーザーの行動のすべてをデータとして取得できる時代です。**我々にとってはモバイルもPCもコンビニも、ただのユーザーインターフェースでしかありません**。例えば、顧客がスマホで水を1本購入することも、無人コンビニで顧客が水を1本購入することも、誰がいつどこでどの銘柄を購入したのかがすべてデータとして分かるのであれば同じことですよね。顧客は水が欲しいと思った時、もしたまたま近くにコンビニがあればそこで買うでしょう。わざわざスマホで購入して家に届けてもらうなんてことはしないはずです。顧客は『オンラインとかオフライ

ンとか』といちいち考えておらず、**その時最も便利な方法で買いたいだけなので、我々は様々な選択肢を提供することが大事**だと思っています。そのために無人コンビニも展開しているのです」

･･･

まさか前日とまったく同じことを言われるとは思っていませんでした。それ以降、様々な中国企業を訪問した際、「オンラインとオフラインはシームレスになって溶け合い、顧客はその瞬間において最も便利な方法で買いたいだけなのでそれを提供する」という言葉を聞きました。例えばアリババでも同様のコメントをもらいました。彼らにとってリアルはデータ収集の接点であり、必要な接点をそろえるために顧客視点で考えた結果である、ということです。

高頻度データでUXとプロダクトを高速改善せよ

先に紹介した「ビットオート」の話に戻ります。視察の最後に、日系自動車メーカーの方がやや挑発的な質問をしました。

･･･

「我々も、レンタカーや保険やパーキングなど、いろいろな企業を傘下に置いているので、やっていることはビットオートさんと非常に近いと思います。今後の中国でのビジネス展開を考えると、御社と我々は協力していくのでしょうか、それとも競争していくのでしょうか。この先をどのように見ていらっしゃいますか？」

･･･

するとビットオートの方は、満面の笑みで次のように答えました。

「今は業界を盛り上げていきたいと思っているので、一緒にビジネスができればうれしいですが、最終的にはパワーゲームになってしまうかもしれませんね。その時に我々が一番重要だと思っているのは、いかに高頻度低価格でユーザーのタッチポイントを多く生み出して、データを取得できるかだと思っています」

質問した日系自動車メーカーの方が「高頻度低価格って？」と首をかしげていたので、ビットオートの方は次のように続けました。

「なぜ企業側がそこまでデータを収集しなくてはいけないかというと、これからのビジネスはデータをできる限り集め、**そのデータをフル活用し、プロダクトとUX（顧客体験、ユーザーエクスペリエンス）をいかに高速で改善できるかどうかが競争原理になる**からです」

これを聞いた日系自動車メーカーの方はやっと飲み込めたのか「うちの会社は10年後にはもうないかもしれませんね」と苦笑されていました。それでもビットオートの方はひるまずに「御社も、ぜひこれからは我々のデータを使って、プロダクト開発をしてください。そうしたら協力関係になれますね」と笑いながら畳みかけたのです。タフとしか言いようがありません。

ここで、このビットオートという会社のことを少し深堀してみたいと思います。ビットオートに関してよく受ける質問は、「この会社は、

持っているデータをプロダクトとして返すと言っているが、それはコンサルティングという形で行っているのか」というものです。確かにコンサルティングにも活用していますが、実はこのエコシステムには、強力な自動車メーカーが加わっています。それは、テスラの競合の一角と言われる新世代電気自動車の「NIO」というメーカーです。実は、ビットオートの社長とNIOの社長は同じで、ウィリアム・リー・ビン（李斌）という人物です。NIOの自動車には「nomi」というAIアシスタントがキャラクターのような形で搭載されていて、そのコンセプト動画を見ると、カーライフの非常に細かいところまで気が配られていることが分かります。NIOの裏側には、ビットオートのカーライフ経済圏すべてのデータを活用できるエコシステムが既にある、というわけです。

ウィリアム・リーは中国では有名なモビリティ関連の投資家で、テンセントやジンドンにも注目されています。ウィリアム・リーが投資した企業に、テンセントとジンドンが投資するケースも見られます。実は彼はかつて、シェアリング自転車「モバイク」のエンジェル投資家でした。そのことから、あることがささやかれています。彼がビットオートに適用している戦略は「とにかくデータを集め、それを活用し、プロダクトとUXをいかに高速に改善できるかが勝負」ということです。実はこれは第1章で書いた「2017年、モバイクとオッフォが自転車、アプリ、再配置の仕組みを高速で改善してユーザーに好かれ、他社のシェアを奪っていった」という話とまったく同じで、そうしたことから、「ウィリアム・リーが自動車のエコシステムを創る前に、自転車業界でテストマーケティングしたのではないか」と言われているのです。

いずれにせよ、私たちがビットオートを訪問した際に受けた戦略の説明は印象的で、しかも経営陣の指針が現場まで徹底されていることがよく分かる訪問でした。

OMOに通底する「とにかくユーザー起点の思考法」

OMOにおいて重要な考え方をまとめてみましょう。

1つめには「チャネルの自由な行き来」が挙げられます。オンラインとオフラインは既に溶け合って違いはなくなりつつあり、ユーザーは状況ごとに一番便利な方法を選びたいだけなので、企業側は全方位的に、それらすべてで接点を持つビジネス設計をすべきである。それがOMO型ビジネスの1つの本質と言えるでしょう。こうしたビジネス展開が可能になったのも、リアルも含めてあらゆる状況に置かれたユーザーの行動がデータとして収集できる時代になったからです。ビットオートに関していえば、コンサルティングは対面で受けたいという人から、店に足を運ぶのは大変だからオンラインで気軽にコンサルティングを受けたいという人まで、そのすべてに対応できる体制を整えています。店舗では、顧客が店に入ってきた瞬間、カメラの顔認識機能を使って、店員のスマホに「この人は○○さんで、最近の検討状況はこうなっている」という情報が提供されるそうです。

2つめには「データをUXとプロダクトに返すこと」が挙げられます。日本企業は属性データをユーザーに回答させておきながら、まともに使えなかったり、アップセルやクロスセルくらいにしか活用していなかったりする状態です。中国企業は行動データをフル活用し、ユーザーにプラットフォームに長く滞在してもらおうと全力で取り組

んでいます。そのために、得られたデータをプロダクトとUXに還元し、より良い体験をユーザーに返していかないと勝ち残れないと考えています。「売りや効率化に使うな」というわけではなく、もらったデータを基にとにかくより良いものとしてユーザーに返すことを最も大事にすべきだと考えているということです。背景に、「アフターデジタルの世界ではそうしないとどんどん顧客接点が失われ、データが取れなくなっていく」という競争原理の一端を示していると言えるでしょう。

　3つめには、「リアルも含めた高速改善」というポイントが挙げられます。高速改善というのはとてもオンライン的で、デジタルマーケティングに携わったことがある方だとよく分かるのではないかと思います。ウェブサイトやバナーなどに使う画像を制作する際、2パターン制作して「どちらがより良い成果を出せるのか」を検証するABテストや、問題が見つかったらすぐに対応して翌日成果を試す高速PDCAといった手法は、オンラインだからこそできるスピード感です。プロダクトとUXを「高速改善する」という発言の中には、デジタルに包まれたリアル接点という構造が前提にされていて、こうしたオンライン側の思考法で、プロダクトや店の構造の高速改善も行っていくのがOMO的な思考法だと言えます。リアル接点であっても、あたかもウェブサイトのユーザー行動のようにデータを取得し、それらを活用すべきだというのが本質です。もちろん、プロダクトの高速改善には多くの投資が必要なので、バランスを取る必要はあります。

　このように3点を書いてみると、3点ともユーザー志向、顧客視点の考え方であることがよく分かります。ここまで本書の事例として主に説明したのは中国企業です。皆さんのイメージとして「顧客志向」

と「中国」という2つのキーワードがつながることに違和感を抱いているかもしれませんが、日本と中国の両方でビジネスをしている私からすると、**アフターデジタル移行後の中国は、日本よりも「もっと社会を便利にしよう」「価値や利便性、インセンティブを相手に与えよう」と考え抜かれている**ように思います。O2Oとは「チャネルをつなげて送客する」という企業視点の考え方でしたが、OMOは「顧客から見たら融合しているほうが便利」という顧客視点の考え方です。そこが本質的に異なっています。

2-3 ECはやがてなくなっていく

　ここまで、「OMOとは何か」について話をしてきました。アリババのジャック・マーは「10年、20年後の未来に、EC（e-commerce、電子商取引）がなくなり、代わりにニューリテールが出てくるだろう。これはオフライン、オンラインと物流の融合である」と言っています。彼が意味しているのは、オンラインとオフラインをユーザーが区別しなくなり、企業側も販売や物流をこのような論理で分けなくなる、ということです。確かにデジタル起点の時代になることを踏まえると、あえて「e=電子」をつける必要はなくなってくることは容易に想像できるでしょう。ここではOMOの事例とともに、その世界観を共有できればと思います。

アリババによるOMO型ネットスーパー「フーマー」

　今の中国でOMO型のビジネスとして人気を博し、成功もしている分かりやすい事例は、アリババが運営する中国の「フーマー」というOMO型スーパーマーケットです。フーマーの具体例から、学びを深めてみたいと思います。

　フーマーは、2016年から展開されている、EC機能を持った生鮮食品スーパーマーケットです。中国国内では、2018年末の目標であった60店舗を大きく超え、100店舗超えを達成しています。オンラインとオフラインの両方で、注文・購入ができます。アリババはフーマーをOMOと明言しているわけではなく「ニューリテール」や「オンラインとオフラインの融合」という言葉を使っていますが、実際にここまでオンラインとオフラインが連動した店舗は世界でも例がなく、「アマゾンGOより実用的で展開が早い」と、いま世界各国から視察が訪れています。

フーマーのUXとは

　フーマーの最大の特徴は、利便性の高さと、新鮮で豊富な食材を顧客に素早く届ける仕組みです。オンラインで注文すると、**フーマーの店舗の3km圏内であれば30分以内に配送してもらえるという利便性の高さ**が消費者に重宝されています。

　フーマーの店内に入ると、驚く光景がいくつか目に入ります。まず、店員がたくさんいることに気づきます。店員は実店舗を訪れた顧客対応をするだけではなく、専用端末を持っていて、オンラインから

図表2-5

　ひっきりなしに入ってくる注文を端末で受け、商品棚から受注商品をピックアップしています。携帯端末でネットからの注文を確認し、一つひとつの商品をバーコードに通しながら専用の配送用バックに詰めていきます。このピックアップ時間は3分と決められているそうです。

　専用バッグに商品を詰め終わると、壁に備え付けられたハンガーに引っ掛けます。壁から天井には専用バッグ用のベルトコンベアーが動いていて、ハンガーはそのベルトコンベアーを使って天井まで上がり、店内を通りぬけて、バックヤードを通って、店の裏にある配送センターまでたどり着きます（図表2-5）。ここまでの所要時間は約5分。

配送センターにはデリバリー専用のドライバーが山ほど待機していて、ドライバーは残り25分で配達するので、30分以内に荷物が届けられるというわけです。

　多くの顧客は最初、配送の便利さにひかれてオンライン注文するそうですが、フーマーの実店舗が近くにあるのを知ると、一度は店舗に来てくれるそうです。そして実際に来てみると、天井を走る配送バッグや鮮度の高い商品、海鮮コーナーなどが併設されたフードコートに驚きます。生け簀では生きた魚がたくさん泳いでおり、隣のフードコートで調理したばかりの海鮮料理が食べられるのです。もちろん海鮮料理だけでなく、通常のフードコートのようにいろいろな店が立ち並んでいます（図表2-6）。

　ECでは食材の新鮮さや状態を目で見て確かめられないので、生の海鮮商品を買うのに抵抗のある人がほとんどだと思います。ですが、フーマーのフードコートで「生け簀から店員がピッキングした魚をその場で調理して食べる」という様子を自分の目で見ると、「この魚が30分後に家に来るだけなんだ」と思えるので、次回からはオンラインでも海鮮品を注文するようになります。

　「フーマー」の実店舗は、コンセプトとしては「食品ECの倉庫に顧客がウォークインできる」という形式を取っていますが、それだけではなく、スーパーマーケットでもあれば生鮮食品ECの倉庫でもあり、配送センターも兼ねていて、同時に生鮮食品の実践販売の場でもあるし、レストランでもあるのです。これらの機能を重複して持っているので、別々に作ることを考えればコンパクトで、コストを抑えています。オンラインとオフラインの双方のいいところを組み合わせ、

図表2-6

複数の機能を効率的に兼ね備えたスーパーマーケットなのです。

　ここまででフーマーの特徴を理解できたと思いますので、次にユーザーから見たメリットを説明します。ここでも、「顧客はその時一番便利な方法で選びたいだけ」という考え方が大いに適用されています。フーマーの店舗から3km圏内であれば、ユーザーはどこにいても、スマホで注文して30分で商品が届きます。日本のネットスーパーだと「前日の夜11時までに注文しておかなければいけない」というケースもありますが、フーマーでは、自宅への帰り道に「今日はこれを作ろう」とか「これを食べよう」と思ったものを注文し、帰宅した

らほぼ同時に届くといったショッピング体験ができます。人によっては、会社帰りに店舗に寄って実際に商品を目で確認して購入し、自分は手ぶらで帰って、30分後には家に無料で配送してもらうという使い方をしている人もいます。まさに、**選び方を融通無碍に提供している**と言えるでしょう。

さらに、すべての購買がアプリに集約されているので、その購買データを使って、個人に最適化したおすすめやクーポンがアプリの画面に提示されます。直接店舗に行って商品を購入する場合も、フードコートで調理してもらってレストランで食べる時も、オンラインでのデリバリーも、そのすべてのユーザーの行動はフーマーのアプリを通して行い、決済ものその中で完了する仕組みになっています。いまでは「フーマーの店舗の3km圏内の住宅物件は値段が上がっている」と言われるほど、中国都市部に住む人にとってメリットがあり、欠かせない存在になっています。

フーマーを提供しているアリババのUX担当者に話を聞くと、**フーマーは「リテールテインメント」を重視して作った**そうです。「リテール」（小売）と「エンターテインメント」（娯楽）をかけた造語ですが、この言葉通り、フーマーの店舗は高い効率性を兼ね備えつつ、とてもエンターテインメント性が高い店づくりが行われています。例えば、既に説明した「壁や天井にはオンライン注文用の専用バッグが吊られたベルトコンベアーが動いている」というのも、実際にはオンライン注文用の仕組みを顧客の目にさらす必要はないはずですが、工場見学的な視覚の楽しさを取り入れています。店の中央に巨大な生け簀を設置し、タラバガニやロブスターを生きたまま販売し、調理して提供するのも、視覚的に楽しく、まるで小さな築地市場に来たような

臨場感があります。しかも、その場で調理してくれ、ガラス張りになっているので調理の様子も見ることができます。こうした体験をしていれば、次からは安心して生鮮品でもオンライン注文するはずです。よくできた仕組みで、まさにリテールテインメントです。「アフターデジタルにおけるリアル接点の役割」である、体験価値や感情価値をそのまま体現している店舗設計と言えるでしょう。

成功を支えるテクノロジー

　次に、フーマーの裏側の仕組みに目を向けたいと思います。まず注目すべきは、通常のサプライチェーンの考え方とは異なり、**顧客志向でサプライチェーンをリビルドしていること**です。「30分で配送が可能なオペレーション」や「見て楽しい構造」が優先されて店が作られていることもそうですが、それらだけではありません。フーマーでは、実店舗を訪れた人もオンラインユーザーも、アプリ経由で注文から購入が完結します。ユーザー一人ひとりが見ている画面や、そこで紹介されている商品はすべてAIによってパーソナライズされており、ユーザーごとの詳細なデータを活用した個別化が実践されています。集めた膨大な購買データを統合し、店舗ごとに商品棚のラインアップや在庫を変えているそうです。つまり、その地域に住んでいる人たちのニーズに最適化された棚づくりが行われ、例えば北京なら火鍋系の食材が多く並んでいるなど、全店舗で画一的な商品展開はしていません。

　在庫管理にはビッグデータを活用し、売れ残りはほとんど出していないといいます。例えば生鮮野菜なら、農家と情報を共有し、日々の収穫量や次に作付けする品目まで細かく調整しています。ユーザーのメリットを中心に、ニーズに応えられるように店舗設計やシステム設

計、仕入れを実現しています。通常の小売業とは、考え方がまったく異なることがよく分かると思います。

2018年秋の発表では、初期に出店したフーマーは1日で1,300万円近くの売上があり、全体を通しても赤字の店舗はほぼないそうです。フーマーの新店舗を出店したばかりの時は、オンライン売上8~9割、店舗売上1~2割だそうですが、だんだんと顧客が体験価値に気づいて遊びに来るようになるので、最終的には店舗売上が4割程度まで上がるそうです。すべてがオンラインになるわけではなく、もちろんオフラインだけでもなく、両者が溶け合った世界と考えれば、4割という数字はアフターデジタル的な世界観を表しているようにも思えます。

日本でも可能なビジネスモデルなのか

「フーマーは日本でもまねできるのか」という質問を日本のリテール業界の方からよく聞かれます。これに対して、一度、私からアリババの幹部の方に「フーマーは、どれぐらい計画的に利益を出していますか」と尋ねたことがあります。その時に返ってきた言葉は「そもそも店を出す時点で、ほぼ勝算があると分かっているからね」というものでした。

この言葉の意味を理解するには、フーマーを手掛けるアリババを理解しないといけません。アリババは、中国国民の約半分にあたるユーザー数のオンライン購買データを所持しています。子会社が提供するアリペイも含めると、オフラインの購買データも国民の半分程度を所持しています。さらに、アリババの投資先や経済圏からのユーザーの消費行動や移動データを含めると、「どの土地にどのような人たちが

住んでいて、どのような生活をしているか」を明らかにできてしまうほどの膨大なデータを持っていると言えるのです。まずはこのことを頭に入れておく必要があります。

フーマーが店舗を出す際、それらのデータを使って立地場所を選定するのです。消費金額が高い住民が住んでいて、できるだけオフィス街が含まれるエリアを選定しています。メインのターゲット層として特に注力しているのが「25歳から35歳の若くして結婚した女性で、価格よりも食材の鮮度や品質を優先する傾向のある消費者が集まるエリア」だそうです。その他、交通量の多さや、生鮮食品のオンライン消費率が高いエリアまでチェックしています。

ここまで説明したことは知られており、フーマーのモデルをコピーして出店することは可能ですし、今や中国都市部では「30分以内配送」がスタンダードになりました。それでも、フーマーは他社より早くて広い立地場所を押さえて成功しています。その理由は、購買データや移動データを基にした顧客の嗜好性データや支払い能力データを最も多く所持していて、かつそのデータを活用するための、AIをはじめとする裏側の仕組みがあるからだ、ということができます。

アリババはフーマーの事業モデルを「ニューリテールモデル」として世のスタンダードにしようとしています。モデルの外販によるデータマーケティングを狙っており、このようなモデルが当たり前になった時に購買データを最も多く持っているアリババに、企業がデータを買いに集まってくる、という構造を目指していると見られています。

さて、「まねできるかどうか」との質問に答えるとすれば、アリバ

バのいう「ニューリテールモデル」をまねすることは可能ですが、それはビフォアデジタル的な考え方のまま外から見える構造をコピーしているにすぎません。アリババのように成功するのかどうかは、アフターデジタル的に考えてこそなしうるものだと言えます。

2-4　転覆され続ける既存業態

　次に、OMO型ビジネスの隆盛によって、盤石だったはずの大手チェーンの立場が揺らいだ事例を挙げてみたいと思います。

スターバックスの中国売上変化にみる、OMO型ゲームチェンジ

　スターバックスは中国市場にかなり注力しており、2018年秋の段階で、この14億人の市場において141都市に3,300店舗を展開しています。今後の見通しにおいても、2018年5月の発表では2022年までに毎年600店舗を増やし、計6,000店舗を目指すと発表しています。焙煎所がついた「スターバックス・リザーブ・ロースタリー」(2018春までは、世界でシアトルにしかなかったタイプの店舗)を上海に作り、2018年6月には、焙煎所がついたタイプの店を除くと世界最大の店舗を北京にオープンしました。上海に住んでいる私(藤井)の肌感覚では、スターバックスに限らずコーヒーショップが増えている印象があり、中国産業情報ネットによるとコーヒーショップ市場は元の

規模が小さいこともあって、2018年時点で市場規模拡大率は年25％以上（世界水準の10倍）とのことです。

ただ、中国スターバックス社のビジネスは、2018年になって苦戦を強いられているようです。ロイター通信2018年7月31日付のニュースによると、「第3四半期（7月1日まで）決算は、中国の既存店売上高が2％減少した。前年同期の7％増から大きく落ち込んだ」とのことです。想定通りにいっていないことを認め、ついにアリババと提携し、配送とビッグデータ活用に注力すると発表しています。

このビジネス概況は、中国に住むコーヒー好きの私の生活からも感じられます。もともと私は1日に2回はスターバックス（スタバ）に通うロイヤルカスタマーでしたが、今は週に2、3回行く程度になってしまっています。なぜそんなふうに変化したのかを、ユーザーとマーケット変化の交わる視点から見ると、そこにはOMO型ビジネスの隆盛が関わっています。

認識すべき前提として、モバイル決済が一般的になってあらゆる支払いがスマホでできるようになったほか、都市部に安い賃金がある程度集中していることも相まって、フードデリバリーサービスが一気に広まったことがあります。日本にもウーバーイーツや出前館など近いサービスはありますが、日本では考えられないほど急速に広まっています。中国都市部では街中のどんな店もサービスに登録しており、デリバリーサービスのアプリを入れていない人はほぼいないと考えられるほど広く使われ、もはや食事のインフラのようになっています。

スターバックスは、この背景を分かっていましたので、これまで中

国ではデリバリーサービスに手を出していませんでした。サードプレイスというポジショニング、デリバリーとエスプレッソ系商品の相性の悪さ（冷める、氷が溶ける、泡がなくなる）など、様々な観点で考え抜いた結果なのでしょう。2017年はそれでも順調に事業を伸ばしていましたが、2018年になって状況が大きく変化します。何が起きたのでしょうか。

デリバリーが起こしたマイクロビジネスの乱立

ここ数年中国では、「ウーラマ」（饿了么）や「メイトゥアン」（美団外売）といった「デリバリーサービス＝ドライバーのネットワーク」を提供するビジネスが急速に拡大しています。レストランの視点で見ると、この仕組みは「**各店舗がデリバリー専用のドライバーを雇う必要がなく、しかもピークタイムでも座席数や回転数にかかわらず顧客を囲い込むことができる**」ことを意味します。

そんな状況を背景に、都心部にはスタンド型の店が増えています。スタンド型というのはイートイン座席がない、カウンターとキッチンだけの狭い店を指します。ここまでデジタルサービスが浸透すると、イートインスペースを持つことに大した意味はなくなります。回転率という制限から解放され、周りにある家やオフィスすべてに、絶えず門が開かれている形になります。むしろ重要なのはオペレーション、つまり「注文が来てからどれだけ早く商品を出せるか」です。なぜなら、デリバリーを頼むユーザーは、家から遠いかどうかよりも、「何分で届けてくれるか」を重視するからです。

すると、とにかく立地が重要になります。人通りの多い場所に店舗

を構えれば、店の名前を認知されたり、通りすがりの人が買ってくれたりしやすくなります。住宅密集地であれば半径3km以内に住む人の数は多くなりますが、もし一方通行の道路沿いだとデリバリーで届けるのが遅くなるといった具合です。立地の良いところはもちろん家賃も高額で、これまでコーヒーショップがそんな場所にお店を出すのは難しかったわけですが、イートインスペースを持つ必要がなくなったため、それこそ4帖程度しかない小さなスタンド型の店であっても運営することが可能となり、省スペース・小資本での出店が加速しました。

さて、そうした環境の変化によって、私の生活に何が起きたかを説明しましょう。会社から200mくらいの距離にスタバがあるので、以前は毎朝そこでコーヒーを1杯買って会社に行き、昼過ぎにもう1杯買っていました。いつも購入するのは、ソイラテのグランデ、31元（約500円）です。この消費行動は変化し、会社の地下1階にできたNarrow gateという店に行くようになりました。2帖くらいしかない、非常に狭いスタンドタイプのお店ですが、こだわりがあるオーナーがやっていて、正直エスプレッソはスタバより断然おいしく、トールサイズくらいの大きさで20元（約340円）と、よいコーヒーを安く提供しています。オフィスからエレベーターを降りたらすぐという近さなので、1日に3回は利用しています。1杯20元なので合計60元（約1,020円）です。

デリバリーサービス＝ドライバーのネットワークが充実したため店舗は省スペースでよく、そのため良い立地に進出しやすくなり、味に注力しやすくなったのです。こうしたコーヒースタンド型マイクロビジネスが乱立したことで、スタバは利用客を奪われてしまっていま

す。他にも様々な要因があるとは思いますが、間違いなくこれはスタバの売上を下げる一因になっていると思います。

オンライン・オフラインに関わらない「自由な選択肢」

　コーヒーショップビジネスはさらに変化を続けています。OMO型ともいえるコーヒーショップが「ラッキンコーヒー」（Luckin Coffee）です。WBCというコーヒーのコンテストで受賞したアラビカ種の豆を使っているという触れ込みで品質が高いと言われていて、実際味もなかなかのものです（私の主観ですが「とてもおいしい」というほどではありません）。2018年の1年間で店舗数をなんと1,600にまで増やしており、このうちほとんどの店は席がなく、ピックアップとデリバリーに特化した店です。

　その特徴的な利用方法を説明しましょう。まず、アプリからしか買えませんが、アプリをダウンロードするとコーヒーのタダ券が1枚もらえます。新しいタイプの店で、しかもおいしいらしいとなると、みんな試しにアプリをダウンロードします。

　注文方法には2種類あります。デリバリーしてもらうか、自分で取りに行くかです。自分で取りに行く場合、購入後に発行される番号つきQRコードを店で見せるだけです。なので、行く直前に頼んで作ってもらえばそのままピックアップできるし、店についてから友だちと一緒にアプリ上で商品を選び、その場で注文することも可能です。

　支払い方法も2種類選べます。そのままモバイルで支払うか、先にコーヒーチケットを買っておくかです。コーヒーチケットは、2枚買

うと1枚タダ、5枚買うと5枚タダでもらえます。ビービット上海の総務担当は、みんなでコーヒーを頼むときのためにチケットをある程度買いためています。おいしいコーヒーが半額で飲めて、経費も浮くというわけです。

さらに融通が利くことに、おごったり、誰かに取って来てもらったりすることも簡単にできます。購入するともらえる番号付きQRコードは、人にシェアすることが簡単にできます。QRコードを人に送ることができるので、プレゼントしたり、代理でコーヒーを取ってきてもらったりすることが可能です。

一方で店舗を見てみると、とにかく番号札の順番通りにコーヒーを作っています。ユーザーが来て番号を言われることもあれば、デリバリーの配達員が来て番号を言われることもあります。店員にとってはどちらも同じで、番号通りに作って番号を言った人に渡すだけです。OMOの真髄は、オペレーションの簡易化にもあります。

ラッキンコーヒーの登場で、私のコーヒー生活はさらに変化しました。まず、オフィスにいてみんなで飲み物を頼むとき、今までは台湾式ミルクティーをデリバリーで注文するか、スタバまで買いに行っていたのですが、これらの習慣はすべてラッキンコーヒーに変わりました。さらに私自身、毎朝コーヒーを買うので、朝だけは朝食を付けたいという理由から、ビルの下のNarrow Gateではなく、朝食も提供するラッキンコーヒーになり、毎日使うのでコーヒーチケットが絶えずたまっています。

追い詰められたスターバックスの次の動き

　中国スターバックス社による起死回生の一手が「アリババとの提携戦略」であり、2018年末時点で以下の2点が発表されています。

1. ウーラマのドライバーからスタバ専用のドライバーを確保する

　これは提供速度の速さを意味します。デリバリーサービスのウーラマの配達員は、通常「30分以内に届ければよい」と考えているので、1件ずつ商品を受け取って配達するのではなく、複数のデリバリー案件を同時に処理しようとします。結果的に30分近く時間がかかってしまうわけです。そこで、専用のドライバーを確保し、コーヒーができたら即座に、寄り道をせずに届けるというわけです。以前より短時間で配達されます。このサービスは既に始まっていますが、そこまで利用されてはいないようです。

2. フーマーからスタバを頼めるようにする

　アリババが大成功させているOMO型スーパーマーケット「フーマー」の中にスタバを作り、他の商品と一緒に注文することが可能になります。人気のあるフーマーの中で商品を提供できるため、他の生鮮食品を頼むときについでに頼むなど、毎日接点を持つことができるでしょう。

　この取り組みを皆さんはどう思うでしょうか。論理的には、今までできなかったデリバリーが可能になり、顧客との接点も増えています。しかし、その前に説明したコーヒーショップの状況の変化（マイクロビジネスの乱立と、OMO型コーヒーショップの登場）に対して、これらの打ち手は新たな価値を提供できているわけではありません。個人的には、スターバックス自体がディスカウントという中国の文化

に適応させた上で、OMO化し、初めてまともに戦えるのではないかと思っています。

　急激に店舗を増やしているラッキンコーヒーは市民権を得ているものの、まだまだ事業としては大赤字で、投資を入れ続けることで成立しているビジネスです。この先うまくいくかどうかはまだ見えておらず、シェリング自転車のオッフォの二の舞になるのではないかという意見もあります。とはいえ、参入障壁はシェアリング自転車ほど低くなく、1,600店舗も作ればそれは大赤字になるのは当然で、これからはその店を軸にとにかく利益を出していくことに注力するでしょう。

　ここで注目したいことは、世界のスターバックスといえど、アフターデジタルの世界では創立してたった1年足らずのOMO型企業の後塵を拝する形になったという事実です。そのことはしっかりと理解しておく必要があるでしょう。

2-5　日本企業にありがちな思考の悪例

思考の悪例①「効率とテクノロジー中心の無人化」

　日本企業と中国企業の考え方の違いが如実に出ていた例として、日本のある大手小売業の方と一緒に、中国の無人コンビニを運営する会社「Jian24」を訪問した際の話を紹介します。

Jian24は上海に設立された企業で、テクノロジーを活用した無人コンビニ事業を展開しています。よくある無人コンビニは、商品にRFIDタグが付いていてゲートを通ると決済されたり、スマホアプリで商品のバーコードをスキャンすることで会計を済ませたりしていますが、Jian24はこれらの仕組みとは異なり、すべて店内カメラの画像認識で行われます。店に入るには認証が必要で、顧客はアプリを開き、顔認証とスマホアプリのバーコードを合わせて読み取り、認証されるとドアが開きます。中に入って買いたいものを取って出る時、再び顔認証とスマホのバーコードをかざすことでお店から出ることができます。すると数秒後に「あなたはこの商品を購入しました」とスマホに支払い通知が来る、というフローになっています。すべての行動は店内のカメラで捕捉されており、商品を手に取って外に出るだけで買い物は完了します。

　Jian24に訪問した際、最初に「今後このビジネスをどのように拡大する予定ですか？」と質問しました。すると「無人コンビニを急拡大しようとして事業展開しているわけではありません」と返答されました。そして、こう続けました。

「人は買い物をする際、どのように悩むのか、買おうと思っていたものを間違える理由は何か、別の物に変える時はどのような行動を取るのか、ポップをどのようにしたら気づいてもらえるのか、などのリアルな顧客の行動を画像データによって回収し、解析して使おうとしているのです」

つまり、リアル店舗での購買行動を録画し、データとして蓄積して分析することで、行動導線、悩む時のタイミングなど、リアル購買行動データのコンサルティングのような存在を目指しているビジネスであり、コンビニ業をやりたいわけではない、ということです。

・・・

「リアル購買行動データは年齢層や男女で大きな違いが生じるため、顧客の購買行動をデータベースにして方法論として確立し、コンサルティングを行ったり、パッケージとして提供したりすることで、リアル行動データを軸としたビジネスを展開しようとしている」

・・・

言い換えると、OMOが進む中で、「リアル店舗もオンライン同様に高速改善し、個々の顧客に最適な対応するにはどうすべきか」という、体験を良くするための撒き餌である、というわけです。

Jian24の店にはもともと無人店と有人店がありました。無人店は作りが簡素で無人のキオスクのような雰囲気で、有人店舗は会計が無人でできる代わりに人が案内したり、ホットミールを作ったりといった追加対応をしてくれる店舗です。今は「純粋に行動データを集める」という目的に沿って、完全な無人店舗を運営するという流れになりつつあります。おそらく今後は、一定データが活用可能なことを示せた段階で、同じ仕組みをコンビニやスーパーマーケットと協業して展開し、より多くのデータを集め、協業先は真っ先にその行動データ活用の恩恵に授かれるという流れになることが予想されます。

無人コンビニは日本でも結構話題となるケースがありますが、

Jian24は「無人にすること」自体に大した意味は感じていないのです。OMO的にオフラインが無くなると考えた時、ユーザーの購買行動のデータや知見の蓄積で優位に立てると考え、実店舗での人の行動を無人コンビニですべて解析しようとしているわけです。例えばインターネットなら、ブラウジングしている際の閲覧履歴を見れば「ここで悩んだな」というのが分かります。商品ページを見ただけで買わなかった、気になったバナーをクリックした・しない、という行動がすべて分かります。Jian24の無人コンビニの取り組みは、インターネット上で既に行われている行動分析をリアルな世界で行う取り組みと考えることができます。

思考の悪例②「オンラインを活用する」という逆OMO

これまでOMOの考え方について説明してきました。日本企業はアフターデジタルを理解できていないので、OMO的に考えるのではなく、「逆OMO」ともいえる考え方でデジタル化しようとしがちです。つまり、オンラインとオフラインを一緒に考える際に、オフライン的な競争原理に立ったまま戦略や競争、施策を考えてしまうということです。この「逆OMO」とはどういう思考法で、どう間違っているのかを知るにあたり、先に紹介した「日本の大手小売業と中国無人コンビニとの議論」が非常に分かりやすいので、それを紹介します。日本企業側は「逆OMO」の発想で質問し、中国企業から「OMOで考えてください」と何度も言われています。

最初に日本側から次のような発言がありました。

「例えばJian24のようなデジタル技術や無人コンビニのノウハウを、当社でまずは一部の店舗から試験的に取り入れていきたい場合、どのようにするのがよいでしょうか？」

すると中国側の返答はこうです。

「最も重要なポイントは取得した行動データを顧客ごとにつなげて活用できるか、ということです。なので、店舗だけを作り替えるとか、一部の店舗だけで始めても意味がなく、すべての会員データ・すべての店舗の在庫データ・他店舗との連携など、全部デジタルデータとして扱えるようになって初めて意味のある取り組みになるのです。今、そのような状態にありますか？」

「お店やレジが無人であること自体には大して意味があるわけではなく、オンラインの店舗がリアルに置かれた、とイメージしてください。そのイメージがつかめると、初めてJian24のようなシステムや技術が有効活用できます。インターネットではどのページを見ながらどう遷移しているかを知ることができますが、それと同じように、店舗の中を見回っている行動を解析するわけです」

これを聞いて私は、「ああ、『デジタルを取り入れる』という考え方が間違っているので、全部デジタル化してから来てくださいと言われているんだな」と感じました。

次に、日本企業の幹部が語りました。

「我々は顧客が多く、専用のカードなどで顧客ID情報を相当数持っているので、そのデータ資産が強みと考えています。その顧客情報をどのように顧客の利便性に活かせるか、何か示唆や経験はないか」

すると、中国企業の幹部は**「顧客属性の情報だけだと価値はありません」**と答えたのです。「属性データは、そこに普段の行動データがつながって初めて意味あるデータ・価値あるデータになります。今のお話では20代の女性は全員一緒と言っているのと同じですよ」と言われてしまったわけです。

「好みは人それぞれであり、悩みやすい人そうでない人、Aが好きな人・Bが好きな人など、行動習慣は違います。**そういった行動の持つ意味合いを読みとり、最適なタイミングで最適な情報提供ができて初めて意味があります。**属性データだけではなく行動データも含め、購買習慣を全面的にデータ収集できるかどうかが、これからのビジネスの鍵を握ります」

次の質問は、

「当社でもデジタルトランスフォーメーションを行おうとしているもの

の、会社の規模が大きいためイニシアティブを取るのはマーケティング部門にするか、デジタル部門にするのか悩んでいる。どうしたらよいと思うか」

というものでした。これに対しては、

「すべてデジタル化して、会社の機能をすべてつなげることになるので、それは会社を作り替える行為です。当然CEO直轄のチームでないと実現できないと思います」

と即答されました。この無人コンビニ企業は以前、無人レジとその基盤となるデジタルインフラを導入するコンサルティングを行っていたそうです。その時、ある企業に協力してOMO型に変えようとした際、CEO直轄のチームを作ってエンジニア300人を導入し、結局1年かかったそうです。それくらいの覚悟と時間とリソースが必要だとのことでした。

最後に日本企業の参加者が

「当社はオフライン店舗を多数持ち、店舗の品質やネットワークが主軸のアセットなのですが、今後はしっかりオンラインも活用してビジネスを拡大していきたい」

と発言したところ、中国企業の担当者は

「今後はオンラインとオフラインという概念が曖昧になってやがてはなくなり、ボーダーレスになります。顧客はオンラインやオフラインのどちらで買おうなどと意識をすることなく、近くの一番便利なソリューションで買い物がしたいと思っているだけです。オンラインとオフラインを分けて考えることから脱却する必要がありますね」

との答えがありました。

この無人コンビニ企業の訪問の前に、私たちはその日本企業に対して「OMOですよ」「店をオンライン店として捉えるべきです」「すべての行動データが明らかになる時代です」などと、いろいろ申し上げていたのですが、それをそのまま、その無人コンビニ企業が代弁してくれたような形になりました。このように、デジタルの最前線でビジネスをしている人たちには通底した共通認識があり、前述のジンドン（京東、JD.com）が言い切っていた「モバイルもPCもコンビニも、デジタル処理できるならすべて同じユーザーインターフェースである」も、まったく同じことを言っています。

我々は中国企業の訪問を通じて、中国ではOMOという共通の考え方が徹底していると分かった一方で、日本企業にとってOMOという考え方は、すぐに視点転換できないほど、現状と遠い考え方なのだということがよく見えました。実は「アフターデジタル」という言葉は「OMO」を理解してもらうために考え出した言葉です。理解しなけれ

ばならないのはOMOですが、理解されにくいことがよく分かったため、試行錯誤の末、より直感的に分かっていただけるように、ビフォアアフターで図示しやすい表現として生み出したものです。

思考の悪例③「プロダクトを中心に据える」

　日本はモノやおもてなしの品質が高いという自負と現状があり、そうした現状のアセットを信頼し過ぎてプロダクト志向から脱却できないケースがよく見られます。その結果、逆OMO型でデジタルトランスフォーメーションに取り組もうとしがちであり、恐らくその方向は間違っています。デジタルトランスフォーメーションはすべてが「デジタルに変容する、変わる」ことなので、アフターデジタル側に完全に視座や考え方を移行した上で、OMO型でビジネス展開を行う必要があります。

　例えば、技術志向で物作りを行ってきた結果、技術と物はあってもどのような商品にしたらよいか分からず、誰が使うかという体験側のことが考えられていないケースがよく見られます。アフターデジタル的に考えると、デジタルで接点をいかに取るかという顧客志向の視点が必要なので、こうした技術先行、モノ先行の考え方は親和性が低いです。また、日本ではオフラインにあるものを、無理やりオンライン化しようとする傾向があるように思います。例えば、オフライン的なチラシ広告の見せ方をそのままウェブに適用したり、接遇やデザインの素晴らしいオフライン店舗をそのままオンラインで再現しようしたりするのはその例です。それらはすべて逆OMO型であり、アフターデジタル的な思考法ではありません。

なぜダメなのかを説明します。デジタルとリアルの違いを考える時、リアルでは店舗面積や距離といった物理的制約が存在するため、目的を達成するためには物理的制約を前提にして店舗オペレーションを組み、その上で顧客の行動をデザインする流れになります。当然、物理的な制約は企業側の都合であり、ユーザー側の立場からは、「わざわざ足を運ぶ」「いちいち説明書を読む」「欠品の入荷待ちをする」といった形で、何かしらの行為を強いられることになります。行為を強いられると人間は不快に感じますが、これまでは当たり前のように受け入れられていました。物理的制約を前提として企業はサービス設計を行うため、ユーザーはそれに合わせる必要がある、というのがビフォアデジタルのビジネスの姿です。企業側の理屈が優先されているのです。

　一方で、VRのイメージが分かりやすいですが、デジタルにおいては世界を自由に設計することができます。VRでは、飛んだり、ジャンプしたりすることは簡単に実現可能です。ユーザーにとって理想的な状況がデジタル上なら簡単に作ることができます（モバイルやPCでは画面サイズという物理制約は生じますが…）。その意味で、デジタルの世界では物理的制約から解放されて、理想の行動を創ることがより簡単に実現できると言えるでしょう。この、異なる2つの世界を行き来させようとしていたのが「O2O」（Online to Offline）の時代です。

　今はさらに進み、オンラインとオフラインが融合した世界であるOMOにおいては、もはやオフラインは存在しないので、「オンラインと同じ考え方でリアルの接点も考えよう」となります。そうなれば、例えばデジタル側で言っていた理想行動に近付けるという思考法

でオフライン側も設計することになります。すると顧客はわざわざ店舗に行く必要はなく、オンラインで注文するのが一番便利ならそうするし、店舗が近くにあるならそこに行くし、持ち帰りが面倒なら店に注文して届けてもらうという融通無碍な思考が生まれ、そのために店のデザインやサプライチェーンを最適化させていきます。そう、それはフーマーのような店舗です。

店舗は物理的制限からスタートしているため、それをデジタル側に持っていこうとすると、物理的制約をデジタル側に持ち込むことになります。しかし本来デジタルは理想行動を作れるはずなので、デジタルを起点に考えるとより自由な発想ができます。これが、「企業はアフターデジタルで考え、デジタル起点でビジネスを展開すべきだ」と言っている理由の1つであり、結果、顧客の選択の自由度や利便性といった体験品質を飛躍的に上げることができます。

近ければ飲食店に直接行くし、時間がなければネットで買う。医者に行かなくてもスマホで問診できてそのまま医薬品がデリバリーされてきたり、たくさん運動したらそれが保険会社にシェアされて、保険料が安くなったりする。自分が正直に支払い、良い行いをコツコツ行えば、無駄な証明をしなくても自分が信頼できる人間だと理解してもらえる。近未来的なことが、「デジタル体験側に軸足を置いて思考する」という共通概念を持った人々によって既に生み出されています。こうした「顧客にとって最も便利な体験」を提供することで、さらに行動データがたまり、「自分に合ったものをいつでも提示してくれる」「最適なタイミングで連絡をくれる」という、さらに便利な状況を生んでいくのです。その根幹の社会状況の捉え方がアフターデジタルであり、ビジネス思考法がOMOなのです。

OMOを創る時の思考：RPG型世界観ビジネス

　ここまでOMOとは何か、およびその重要性について話を展開してきました。ここで、考え方のコツを紹介したいと思います。実はOMO型のビジネス発想はRPGゲームに非常によく似ています。

　OMO型で成功しているビジネスの多くに存在する共通点として「ゲーム的にインセンティブ獲得が設計されている」という点が挙げられます。私（藤井）はRPGゲームの「ドラゴンクエスト」が大好きで、いつも思っていたことがあります。「スライムを倒した時の経験値が分かったり、あといくつでレベル上がるか分かったり、毒の沼地を歩くと歩数に応じて一律にダメージを受けたり、ゲームって全部可視化されていて楽な世界だな…」と。

　ここで思い出していただきたいのは、第1章で説明したタクシー配車サービス「ディディ」の例です。おさらいになりますが、以下の3種類のデータを取得することで、タクシーの運転品質を評価していました。

・早く配車リクエストに答えたか
・早く顧客をピックアップできたか
・適正なスピード、安全な運転、正しいルートで送り届けられたか

　ドライバーには運転中に専用アプリを開くことを義務付け、上記のような「タクシー体験の満足度に関わる、速度と安全性」のデータを取って評価に使い、結果、ディディの示すルール通りに頑張れば、給料が上がり、社会的信頼まで得られるようになっています（図表2-7）。

図表2-7

　これはもはや、リアルワールドに存在するAR型オンラインRPGと言うことができるのではないでしょうか。ディディのドライバー専用アプリでは、以下のように置き換えるとより分かりやすくなります。

・都度スコアリングされて経験値がたまる
・グレードアップの昇格試験でレベルを上げる
・アプリ内のマップ情報には宿屋（ガソリンスタンド、EVスタンドやトイレ）が表示される
・運転中の出来事をシェアして他の人と盛り上がれる

　これまでは、運転品質が可視化されて蓄積されるなんてことはありませんでしたが、アフターデジタルの環境において常時接続によってオフラインがなくなると、すべての行動がスコア化され、「スライム

を倒して経験値2」みたいなことが可能になるというわけです。日本で広まりつつあるウーバーイーツも、ドライバーのための「攻略サイト」みたいなものがあり、みんなそれを利用してコツを覚えるそうです。

　中国で人気のあるフードデリバリーサービスを利用し、アプリでドライバーの動きを見ていると面白いことに気がつきます。ドライバーが自分の家のすぐそばまで来たと思ったら、しばらくすると遠くに行ったり、ウロウロといろんな所を走り回ったりしているのです。一つひとつの配達には時間制限があり、それを守らなければなりませんが、彼らは複数の案件を同時に抱えているのです。つまり「いくつ案件を掛け持ちして、一定時間にいくら稼げるか」というリアルマップを使った金もうけゲームをやっているわけです。

　健康促進や運動系のアプリも同様で、例えばDiscoverという会社が提供しているVitalityプログラムという保険サービスは、歩数やランニングの距離など、ゲーム的にタスクが与えられ、それらを達成すると例えばスターバックスの1杯無料券がリワードとしてもらえたり、「健康になった」と評価されることで加入している保険の保険料が安くなったりします。

　すべてが可視化されるので、頑張りが分かりやすくスコアで確認でき、何かしらの報酬ももらえます。デジタルがリアルを包み込んでいることを前提に考えるのが当たり前になると、すべてはデジタル世界からリアル世界を眺めるようなものになっていくのではないでしょうか。

2-6 企業同士がつながって当たり前 OMOの行き着く先の姿

　改めて中国企業の影響力を考える際、ペイメントを押さえる金融コングロマリット型プラットフォームとなったアリババとテンセントは当然外せません。この2強の下に、これまで説明したほぼすべてのサービサーやメーカーがひも付いている構図になっており、よく「アリババ陣営」「テンセント陣営」といった言葉が使われます。

　シェアリング自転車ではオッフォはアリババ陣営、モバイク（摩拝単車）はテンセント陣営、デリバリーフードならウーラマ（餓了么）はアリババ陣営、メイトゥアン（美団外売）はテンセント陣営になります。アリババもテンセントも包括的に生活を支援するエコシステムを形成し、顧客IDにひも付いたあらゆる行動データを保持し、様々な形でそのデータを活用しています。

アリババ経済圏を成り立たせる、 UX中心のデータエコシステム

　アリババとテンセントは2強ですが、アフターデジタルで重要なエコシステムを作るためのUX（ユーザーエクスペリエンス）に関しては、アリババが圧勝している状況です。以前、テンセントに訪問した際、こんな話を聞きました。売上構成比におけるBtoB向けサービスの割合の話をしていると、彼らは「我々はエコシステムを作るのが得意ではないので、BtoB売上の割合が低い」と言うのです。中国2強

であり、ジンドンや美団さえ傘下に加える彼らが、「エコシステムを作るのが得意ではない」と言っている意味が最初分からなかったのですが、テンセントとアリババの両方を訪問してみて、なぜテンセントがそこまで言うのかが分かった気がしました。それは、アリババがエコシステム化を追求した結果、明確に「エコシステムを作るためのUX（ユーザーエクスペリエンス）方法論」を持っているということです。逆にテンセントからは、直接的な質問をしてみても、よりボトムアップな方法論しか出てきませんでした。

　日本ではUX（ユーザーエクスペリエンス）は「デジタルマーケティングの一部」くらいに認識している方もいらっしゃるので、なぜUXを考えるチームがエコシステムの方法論にたどり着くのか、疑問に思われる方もいるかもしれません。しかし、「行動データ×エクスペリエンスの時代である」と理解することが重要です。アフターデジタルでは大量の行動データがあり、その活用が重要になるので、中国のトップ企業はすべからくユーザーエクスペリエンスを重視しており、それがうまくいっているからこそ、これだけのユーザーを抱えているのだと自負しています。それも、ジャック・マーやポニー・マーといった「経営者レベルが」です。

　顧客接点データが膨大になると、企業間の競争原理は「この接点ごとの行動データを使ってどのように良い体験を作り、接点間を移動させ、自社サービスのカスタマージャーニーへの顧客吸着度を高めるか」というものに変わってきます。自らの経済圏への吸着度を高め、より包括的なデータ収集を行うという目的のためであれば、「体験価値が高くてユーザーを大量に抱えている一方で、まともにマネタイズされていない」といったサービスを買い上げて自社経済圏に組み込み

ます。シェアリング自転車がその最たる例と言えます。データ取得を担当する事業や、マネタイズする事業などを含めて、データを共有することでユーザーを吸着する経済圏が作られています。これが「データエコシステム」です。

toBとtoCをつなぐプラットフォームUX

　そこで第2章の締めくくりとして、アフターデジタル社会においてOMOをけん引するアリババの事例を、ある種の「行き着いた先の姿」として説明します。彼らは既に、デジタルによって生まれるデータエコシステムの作り方やそのマネジメントを方法論化している段階にあり、本書で説明している議論のかなり先を言っている状態です。日本でも今後必要になってくる「データエコシステム」を作るために、トップを走る彼らがどのようなことを考えているのかを紹介しましょう。筆者2人（尾原と藤井）がアリババにあるUED大学（UED = User Experience Design）の当時の学長から、2017年12月時点で教わった、エコシステムを作るための方法論「Holistic Experience」を解説します。

　2017年12月に訪問した際、藤井が所属するビービットは18年間エクスペリエンスデザインに従事してきた専門家という立場でした。UED大学の当時の学長が会社説明の中で、「それでは我々の考える『UXの5段階』という方法論についてご説明します」と言うので、私たちは専門家的な立場で「ほう、興味深い、聞きましょう」とでもいうような面持ちで聞いていました。

「我々は、UXをデザイン観点のみから考えていました。2008年まで、我々の持つデザインシンキングチームは、ビジュアルデザインやUIなどといったデザイン分野しか担当していなかったのです。例えば、このデザインを見てユーザーがどのように感じるか、このサービスは使いやすいか、ユーザビリティの問題点による機会損失がないか、というようなことです。2009年、これでは不十分と考え、デザインとテクノロジーとビジネスを等しくデザインシンキングが包括するような形に捉え直すようにしました。この3つの要素をすべてデザイン志向で考えるという変化を第1段階とし、『ペネトレーション』と呼んでいます」（図表2-8）

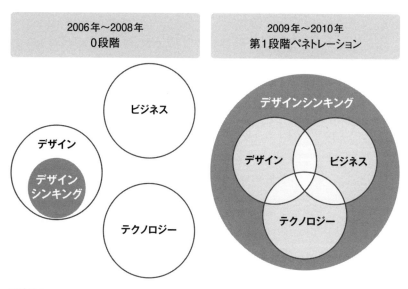

図表2-8

これを聞いて私（藤井）は「え？それが5段階ある1段階目なの？」と思ってしまいました。私の認識では、正しい意味でのUXとはそういうものであり、表面的なUIの段階ではなく、ビジネス視点、テクノロジー視点との融合は必要だと思っています。しかし、それが1段階目であり、10年も前の考え方だというのです。日本では今でもUXと呼ぶ際、ここまで十分に考えられていないケースはまだ多く存在します。

・・・

「第2段階は、第1段階にお話ししたデザイン、ビジネス、テクノロジーにおける、ビジネスオペレーション側のエクスペリエンスデザインを磨きこんだ段階を指します。我々はこれを『ディフュージョン』と呼んでいます」

「我々はモール型ECビジネスをしています。これにおけるtoB向けのエクスペリエンスは、使いやすいだけではなく、例えば販売、CRM、キャンペーンにかかわる中小企業の仕事をどれだけデジタル化してあげるか、という観点でエクスペリエンスを設計することが重要でした。これは、モバイルが広がり始めたタイミングと一致しています」

「toBとtoCそれぞれのエクスペリエンスを合わせて考えることによって、BtoBtoC型プラットフォームとしてのUXが出来上がります。これは、2012年から2015年くらいの方法論です」（図表2-9）

・・・

　ここまでの説明は「スモールビジネスのデジタルトランスフォーメーションを支援することで、プラットフォーム向けUXが出来上が

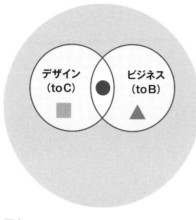

図表2-9

るということだ」と認識しました。「これは相当難しいが…まだ2段階目？」と胸は高鳴ります。

オンライン方法論から発展してマージされていくオフライン

　ここから先の第3段階は2015年から2017年に起きており、それぞれに影響を及ぼしながら発展しているようです。

・・

「2015年以降から始まる第3段階は『エボリューション』と呼んでいるもので、それこそ新小売（ニューリテール）のような話です。アリババはECが主要事業ですが、例えばこのECやオンラインサービスの

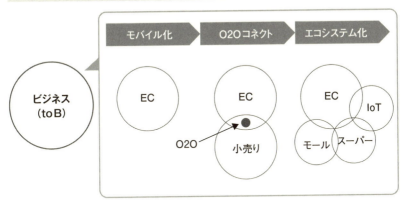

図表2-10

方法論を、小売業のような既存型ビジネスに応用して再構築をすると、新たな価値提供をすることができます」

「そのようにして再構築した新たなビジネスは、オンラインを軸にしているため、近しいビジネスと連結することができます。ECとスーパーマーケットとデリバリーフードをつなげることもできますし、アリババのAIスピーカーである天猫精霊もそれと連結可能です」

「このように有機的に融合させることが可能になると、アリババのエコシステムが生まれ、そこに属する様々な中小企業は、例えばECだけ、スーパーマーケットだけ、といった単一の事業やチャネルよりも、多くの恩恵を享受することができるのです」（図表2-10）

エコシステムを作るには、既存型ビジネスをオンラインの方法論で再構築することが必要であると言い切られました。これはまさに、我々の言うOMOとまったく同じことを示しています。

このOMOは特に伝統的な日本企業にとって非常に重要な考え方だと思われます。日本企業はメーカーとしての自負や接遇品質の高さから、オフラインアセットを重視するあまり、デジタルを「付加価値」として活用しようとするケースが多いように見受けられるからです。デジタルは付加価値ではなく、むしろこれからのビジネスにおいての基盤であり、「起点にすべきだ」と、アリババは話しているのだと思います。

第4段階は以下のようなものです。

....

「このようなエコシステムができると、リアル接点でのデータもたまるようになりますので、膨大なデータが獲得できるようになります。これを、社会貢献や新しい技術開発に活用し、さらなるデータエコシステムを作るのが4段階目。これを『データドリブン』と呼んでいます」

「アリババではDAMO（達磨院）という、グーグルでいうところのグーグルXのような研究機関があります。得られたデータをこのDAMOのAI開発のために利用することも可能ですし、ジーマ・クレジット（芝麻信用）のように得られたID情報から信用度を可視化し、社会の商取引をより円滑にすることも可能です。購買データだけでなく、交通データや健康情報などをスマートシティに利用することができます」（図表2-11）

....

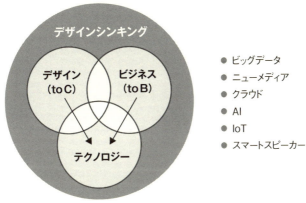

図表2-11

　その時には分からなかったのですが、今思い返すと、アリババのOMO型スーパーマーケットであるフーマーには、第4段階の重要なポイントが確かにありました。前述しましたが、「フーマーは、店の立地を決めた時点で、もうけが出るかどうかはほぼ決まっている」という回答です。これは、オンラインだけではなく、データエコシステムが既に成立しているからできることであって、単純にオンラインとオフラインが融合したタイプのスーパーマーケットなら勝てるということではありません。

Holistic Experience＝NPSを使った全ステークホルダーの体験管理

　UXの話から始まりましたが、もはや社会貢献とビジネスエコシステ

ムが両立するような規模の話になっています。どんどん拡大するスケールに対して、期待と緊張の面持ちで、最後の第5段階を聞きました。

「第5段階は『ホリスティック・エクスペリエンス』と言います。全体論的な体験という意味ですね。これには2つの観点があります。1つめの観点は、第1段階でお話ししたデザイン、ビジネス、テクノロジーのすべてが融合したものとして捉えるということで、次の7つの要素

・トレンド
・オペレーション
・パフォーマンス
・データ

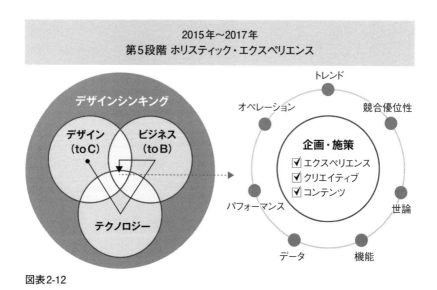

図表2-12

・機能
・競合優位性
・世論

においてバランスの取れた体験を指します」（図表2-12）

「2つめの観点は、我々はNPS（ネット・プロモーターズ・スコア。顧客満足度のような不満解消ではなく、顧客にプラスの感情、つまりロイヤルティを発生させられているかどうかを測る指標）を使っているのですが、これはエコシステムにおけるサステイナビリティを見るためです」

「エコシステムを運用するにあたり、各ステークホルダーのバランスが取れているかどうかという観点はとても重要です。toCのNPSが10でも、toBのNPSが2だったらこのシステムは回りませんし、仮にそれが双方10でも、アリババの職員のNPSが2だったり、データを活用する行政のNPSが2だったりしたら、これはシステムとして健全ではありません。我々はNPSという指標を使って、エコシステムにおけるすべてのステークホルダーがWin-Winになる状態を目指しているのです」

これには絶句してしまいました。ビービットではNPSに関する書籍を日本でも中国でも出版しており、十分研究して専門性を持っているつもりでしたが、NPS理論において理想として描かれることをそのままやっている事例があるのだと感じました（これと同じレベルで「本当にここまで実践しているところがあるのか」という印象は、中国平安保険グループのNPS経営においても見受けられます（第4章に

詳述))。これらは机上の空論ではなく、先に挙げたフーマーやジーマ・クレジットのように、彼らのビジネスポートフォリオを考えると「確かにそれが実践されている」と思えるのです。

日本に必要なのは「エコシステム×OMO」

　一般的な日本企業は、アリババの5段階のどこを一番参考にすべきでしょうか。私は第3段階のエボリューションだと考えます。

　日本でも最近ようやくエコシステム化が始まりつつあるように見えますが、アリババは明確に「オンラインの原理で既存型ビジネスを再構築することでエコシステムが実現可能になるし、ステークホルダーにより大きな恩恵がもたらせられるようになる」と言っています。結果として第4段階のように、データ活用を伴った運用においても、エコシステムは総合的なメリットを生み出していることも考えると、これからの時代変化を見据えて「自社（自部署）だけで顧客を囲い込んでもどうにもならない」と決断することは重要です。

　一方、第4段階や第5段階は、決済プラットフォーマーになろうとしている大型プレイヤーにとって重要な視点です。冒頭にも書いたように、包括的なデータ収集のために、マネタイズされていないサービスでも買い上げるわけで、それはプラットフォーム上のすべてのステークホルダーの関係性やインセンティブを捉えているからだと言えるでしょう。どこでマネタイズするか、どの程度損失を出しても最終的に意味があるのか、明確に各プレイヤーの役割や力学構造の定義を行う必要がありそうです。

こうした海外テックジャイアントが既に行っている実証実験結果を積極的に学び、それをどのようにローカライズするべきかを考えることは有意義なインプットになるのではないでしょうか。

第3章
アフターデジタル事例による思考訓練

3-1 GDPR vs 中国データ共産主義
～データの取り扱いをめぐる議論～

　ここまで、世界で起きている変化を伝え、ビジネス観点での捉え直しをしました。ただ、アフターデジタルもOMOも新しい概念・考え方ですので、本で読んだだけではなかなか観点や思考が切り替わらないというのが実情ではないかと思います。

　そこで本章では、「アフターデジタルに切り替わった時の重要な論点」を挙げ、「アフターデジタルという新しい世界観から従来の価値観を見る」という切り口で、世界の事例を交えながら様々トピックを取り上げます。これは思考訓練であり、そうすることで、より理解を深めていただけると考えています。

　第1章と第2章の中国の事例を読んで、「そこまでデータを利活用することが可能なのか」「それは中央集権的な中国だからできるのではないか」と考えた方も多いと思います。そこでまずは、「データの取り扱い」というトピックを取り上げます。

　2019年の今、世界各国でデータや個人情報の扱いをめぐる議論がさかんに行われています。その中心テーマは、**データを公共財とするのか個人の私有財とするのかという定義**をめぐって、議論が分かれていると言えます。

　個人主義の欧州では、個人データとプライバシーの保護は基本的人

権の1つとして考えられ、欧州連合（EU）の基本権憲章でも保障されています。2018年5月には、個人データを扱う事業者を対象にした「GDPR」（EU一般データ保護規則）の施行が始まったばかりです。対象になるのは、EU加盟国など31カ国の欧州経済領域（EEA）域内に存在する個人に関するデータすべてです。企業や団体に個人データの消去を要求する権利や、プロファイリングに異議を唱える権利を認め、個人データを保有したりEU域外に持ち出したりする企業に、データ保護体制の整備を義務付けています。

国籍や居住地を問わずEEA域内に短期滞在する出張者や旅行者の情報も含まれていますし、EU加盟諸国だけでなく、EU諸国の企業と取引をするEU域外の企業にも適用されるので、EUと取引があるほぼすべての国が対象になります。GDPRを遵守しない企業に対して、最大2,000万ユーロ（約26億円）、または、売上高の4%の罰金が科せられることになるため、現在、GDPRの規定に沿ったプライバシー保護規則をそのまま自国に導入している国もあります。ただし、その導入コストが問題となっている新興国では「データ保護による帝国主義だ」との批判の声も上がっています。欧州は都市国家が発達していて、地方分権で街ごとに独立している文化的な背景が大きいのかもしれません。

一方で、中央主権の中国では、「国民はデータを提供し、国が一括管理をして国民のために使う」という考え方が当たり前になっています。実際14億人もの国民がいて、その全員が個人データを提供すれば膨大なデータがたまってAI技術の向上につながっていきます。「データを提供することで、より良い生活、よい国にしていこう」という考え方が根付いているのです。

アリババでスマートシティを推進する人はこんなことを言っていました。

「こと都市計画においては、**データは資源であり、水や電気と同じ大切なインフラです**。ですから、みんなでデータを提供し、活用しないと、街はアップデートされていきません。水がある街とない街、電気がある街とない街は、作り方が違いますよね。データは水や電気と同じです。データを公的資源として捉えて、街や社会を設計していくことが必要だと思っています」

中国では土地は国有財産であり、国民に対して国から貸し出されるものと捉えられています。いまでは土地よりも、データが富や利潤を生む時代になったので、データも土地と同じように「市民が国に預けることで、国は効率よく活用して国民の利益を生み、国全体が豊かになる」という考え方はまったく不自然ではなかったのでしょう。

緩和と保護の両軸を持つ欧州

では、GDPRは倫理的な規制であり、テクノロジーの進化や社会実装を妨げるものなのかというと、単純にそう捉えるのではなく、異なる側面を併せて理解する必要があります。その側面を理解するには、GDPRが生まれた背景を知る必要があります。

GDPRが生まれる前のことですが、英国では「銀行口座データのポータビリティ」が始まり、定着しました。日本では携帯電話番号の

ポータビリティが始まったことで、携帯電話事業会社間の競争が激しくなり料金が下がりましたが、これと同じような制度が銀行を対象に行われ、およそ1年で110万口座の移し替えがあったそうです。

　携帯電話のポータビリティは3つのデータが対象になります。それは、「電話番号」「メールアドレス」「アプリ」です。最後のアプリに注目してみると、スマートフォンにダウンロードしたアプリはキャリアに依存せず、別のキャリアに移っても同じように使え、アプリに入っているデータもアプリごと移動できるようになりました。例えば、ソフトバンクからNTTドコモに移ってもLINEはすぐに使えるしデータごと引っ越しできます。だから、キャリアを変更することが容易になったわけです。

　では、銀行口座の場合はどうでしょうか。日本の状況を考えてみましょう。銀行口座を移行するとなると、自動引き落としにしている公共料金やクレジットカードの振り込みを1つずつ設定し直さないといけません。そうすると、一度使い始めた銀行のサービスが悪いと思っても、設定作業が面倒で、いやいや使い続けるということが起こります。しかし英国では、こうした設定の移行を銀行側の責任とし、ユーザーの新しい口座に引き渡すことを義務付ける規則を施行したのです。このポータビリティにより、ユーザーは良いサービスを提供する銀行に乗り換えやすくなり、銀行間に公正な競争が生まれ、その結果、サービスが圧倒的に良くなってきています。そこには技術的な進歩があります。

　技術的な進歩でサービスが良くなるとデータが流動化します。すると、そのデータを悪用する人が現れるかもしれないという懸念が生じ

ます。そうした懸念から、GDPRのようなデータ規制が生まれたのです。GDPRに関してニュースや議論を見ていると、つい規制や保護の対象となるリスクに目が行きがちですが、**保護だけでなく、新しい技術やサービスを生み出す「緩和」にも目を向けなければ、本質的な理解にはならない**と思います。

アルゴリズムの公平性

データが大量に集まるので、その処理をAIに任せようと考える企業は多いのですが、この**「AIに処理させる」ということ自体のリスクに目を向ける**考え方もあります。

米国に「レモネード」という自動車保険アプリの会社があります。この会社はユーザーの運転データを取得しており、急ブレーキを踏む回数が多かったり、カーブで粗っぽい曲がり方をしていたりすると、マイナスのスコアが加算され、ある一定のスコアまで上がると保険料が上がっていくシステムです。今までの保険は、安全運転の人も危険な運転をする人も、一律で同じ保険料金を課せられていました。これに対してレモネードでは、ユーザーの運転データを取得し、安全運転をする人は安い保険料金を、ある一定の安全運転ができない人からは相応の保険料金を請求するのです。

そうなると何が起こるでしょうか。安全運転をすれば保険料金が安くなるなら、普段から安全運転を心がけている人から順に、こうした仕組みの保険会社に加入するでしょう。保険会社は顧客を奪われたくないので、どこも同じような仕組みを取り入れるかもしれません。ここで注目しないといけないのは、保険料金が運転に関する個人データ

のAI分析で決まってしまうということです。例えば、ブレーキの踏み方が荒くても事故を起こさないドライバーはいますし、たまたま道に何か落ちていて急ブレーキをかけただけだとしてもAIのアルゴリズムには判断ができずに悪いスコアを付けられてしまう可能性があります。一度悪いスコアを付けられたことによって、不利な支払い設定を強いられ、理不尽な貧困を生む可能性もあります。さらに、安全運転を心がけるものの、走行に関する個人データを企業に渡したくないと考える人もいます。走行データを基に保険料金が決まるようになると、保険会社に走行データを提供しなければ正当に評価されず、高い保険料金になってしまうことは容易に想像できます。

欧州議会が個人情報の保護やプライバシーの観点から問題にしているのは、このような「選択の自由がなくなっていくケース」です。

「アルゴリズム・フェアネス」

あらゆるデータを基に個人の信用をスコア化し、賃貸契約や融資審査、就職という場面でスコアを参照する仕組みが進んでいくと、慶應義塾大学の山本龍彦先生曰く「バーチャル・スラム」と呼ばれる新たな貧困層が生まれる可能性も懸念されています。アルゴリズムによってユーザーをスコア化すると、アルゴリズム上、必ず最初から良いユーザーと悪いユーザーが生まれる弊害があります。問題は、なぜそのユーザーがバーチャル・スラムにいるのかという疑問に対して、AIのアルゴリズムによって生まれた結果なので、その理由が本人には分からず対応のしようがなく、抜け出すことができなくなる危険性があるということです。こうしたアルゴリズムの歪みをどうやって是正していくのか、そのアリゴリズムは本当に公正なのか、いま欧州で

は「アルゴリズム・フェアネス」という課題が議論されています。

一部はAIに任せたほうがむしろ公平

　2018年、中国浙江省杭州市にある杭州市立第十一中学校が、ある最新機器を導入して話題になりました。その機器とは、授業中の生徒の表情をAIでデータ解析する画像認識・解析システムです。

　黒板の上に設置された3台のカメラが教室全体をモニタリングし、生徒の出欠席を顔認証システムで自動記録するほか、授業中はAIが生徒の表情を解析し、「平常」「幸せ」「悲しみ」「落ち込み」「怒り」「怖い」「驚き」など、7つの状態に分類されデータ化していきます。さらに、授業に集中している生徒や教員の話を聞いていない生徒の態度までデータ化されて分析されるので、教師は自分の目の届く範囲や無意識に気にかけている生徒に偏ることなく、公正に授業内容を見直すことができます。

　「生徒がカメラで監視されているプレッシャーを感じて身心によくない影響があるのではないか」という指摘や「子どもの個人情報やプライバシーはどうなっているんだ」という批判もありますが、生徒のデータを収集して活用する「EdTech」によって、教育効果を改善できるという見方もあります。

　生徒の表情を読み取りながら授業を進めるというのは、AIに頼らずとも、どの教師もやっていることです。教師は授業中に一人ひとりの顔を見ながら、「この生徒はまだ理解していなさそうだ。この生徒は納得しているようだから、少し質問をしてみよう」という判断をし

ています。ただ教師も人間ですから、時には生徒の表情や反応を見落としたり、見誤ったりすることがあります。さらにその日の体調や感情によっても多少の影響はあるはずです。教師がすべてを行うよりも、一部はAIに任せたほうがむしろ公平性が保たれるのではないかという議論も起こっています。「自分の子どものデータが取られるなんて信じられない」とありがちな拒否反応を示すのではなく、むしろ「共有財産としてデータを提供しないと教育効果が高まらない」という親の意見も成立するわけです。

「データは公共財なのか私有財なのか」という議論の結論は簡単には出ませんが、社会の方向性は、技術の進化に併せてデータを活用するほうに流れ始めており、一定の許諾をどこでどのように取るかということに焦点があるように思います。欧州のスタンスは、一度その流れを認めたらもう戻れないかもしれない危険性や功罪を考慮しながらも、「功」を進めつつ、「罪」の部分をちゃんと議論して対策を取っています。「欧州は保護主義だから何でも否定している」と捉えるのではなく、新しい技術や社会の発展を否定せず、保護と緩和の両輪で時代を切り拓こうとしていると見るべきだと思います。

3-2 「レアな接点」に価値がある時代

「アフターデジタルにおいてリアルチャネルは、『密にコミュニケーションを取れる貴重な接点』であり、高い体験価値や感情価値が求め

られるようになる」と、第2章で説明しました。ここでは、その意味するところを具体的に説明します。

　上海観光の新名所ともいわれている世界最大級のスターバックスの旗艦店「リザーブ ロースタリー上海」が代表的な例に挙げられます。店内に巨大な焙煎工場を併設したスターバックスの高級コンセプト店で、2014年に米国シアトルに1号店が登場して以来、2017年に中国・上海、続いてイタリア・ミラノ、ニューヨーク、そして2019年2月には東京・中目黒に5店舗目がオープンする予定です。日本の旗艦店は、建築家・隈研吾氏とのコラボレーションで、一から建物を設計する初めてのロースタリー店舗になるだけでなく、ウーバーイーツの導入や、モバイルデバイスから注文し、列で待つことなく注文した商品を店舗で受け取ることができる「モバイル・オーダー・アンド・ペイ」などデジタル施策も展開する予定だそうです。

　なぜスターバックスは、こうした大規模旗艦店を世界各国にオープンしているのでしょうか。その背景には、ほぼすべての商品がオンラインで注文できる時代になって、実際に店舗を訪れて商品を購入するより、ネット購入のほうが早くて便利になったため、リアルな店舗にわざわざ行く価値が減っていることがあります。

　そのため「リザーブ ロースタリー上海」では、まるでコーヒー工場に入り込んだかのような顧客体験を刺激する店になっています。吹き抜けにするなど全方位的に空間デザインを施し、「インスタ映え」する場所にしつつ、写真だけでは店の体験や魅力のすべてを伝えることができず、実際に店舗を訪れてみたいという気にさせる仕掛けを施しています。

店内に入るとまず、2階の天井まで届くような巨大な焙煎器が目に飛び込んできて、その焙煎器と並列してカフェが展開されています。店内は4つのエリアがあって、1階はエスプレッソを楽しむカフェエリアと、ドリップコーヒーのエリア、2階の手前は紅茶や緑茶、奥にコーヒーを使ったミクソロジー系（カクテルのようなもの）のドリンクを楽しむエリアに分かれています。見上げると、天井には生豆がベルトコンベアーで運ばれていて、工場に入り込んだ臨場感を生み出しています。巨大な焙煎所で世界中から調達したコーヒー豆を焙煎する音や香りが漂い、店内にいるコーヒーのスペシャリストやマスターロースターとコーヒー談義ができます。「最高のコーヒー体験を叶える店」というコンセプトに基づいてデザインされているのです。

　中国では「モバイルで何でも呼び出せる」状況にあるため、家の外に出る必要がなくなってきており、特にデパートには人が集まらなくなっています。これに対して、全方位の空間へのこだわりや、その時にしか楽しめないイベント、体験型の店やポップアップストアの提供など、あの手この手でとにかく外に出てきてもらうような潮流があり、スターバックスの例はその1つの成功例と言えるでしょう。これにならい、五感に訴え、360度全方位の体験を提供するようなある種テーマパーク化した店舗が増えているというのが実感です。フーマーの「リテールテインメント」もまったく同様の潮流にあります。

　「特別な経験の提供が人を外に連れ出す」という意味では、ウェアラブルカメラメーカーのGoProがサーフィン人口を増やした例を挙げることもできるでしょう。GoProというカメラの登場によってサーフィン中の迫力ある映像を撮ることが可能になり、それをユーチューブの映像で見た人は「リアルで実体験してみたい」と思い、サーフィ

ンを始める人が増えたというのです。人に自慢できるような体験の提供が差異化要因になり、それがエンゲージメントにつながっていくのです。

　ソーシャルの時代は、人に教えたくなるような圧倒的な体験が"貨幣"になります。圧倒的な体験はほうっておいてもソーシャル上で流通し、流通している切り取られた情報に刺激された人は現地に出向き、現地で360度全方位、五感を刺激される体験ができればそれをソーシャルに投稿し、その投稿でさらにリアルへの訪問者が増えるというサイクルが起きます。こうやって来訪者がファンになればブランド価値は上がり、広告宣伝費を投下しなくても顧客自身がどんどん広めてくれます。圧倒的な没入体験価値に対してインフラ的に投資することは、広告宣伝費を毎月垂れ流すよりも効率的です。

「無人レジ自体には大した価値はない」
真の目的とは何か

　世界中で「無人コンビニ、無人レジ」は話題になっており、各国で広がりつつあります。顧客体験を重視したリアル店舗が時流となっている中で、なぜ無人コンビニが増えているのでしょうか。冷静に考えれば、コンビニでのレジの無人化そのもののインパクトは小さいはずです。コンビニでは常に新しい商品を入れたり、キャンペーンを打ったりすることによる「毎日変わる新鮮味」が重要で、そのための在庫管理の作業が8割ほどを占めると言われています。レジが無人になったとしても、結局この8割ほどの作業が残ってしまい、大きなコストカットにつながりません。

中国ではこれまでにたくさんの無人店舗が誕生しましたが、その多くは潰れていきました。この大きな社会実験ともいえる「無人」の事例で勝ち残った店には共通項が見られます。レジは無人なのですが、店にはスタッフがいます。スタッフは何をしているのかというと、ホットミールを作ったり、挨拶や案内をしたり、お客さんの欲しい商品を探したりするなど、ユーザーとのコミュニケーションや、よりきめ細やかなサービスを提供しています。

　第2章で説明したように中国の都市部ではコーヒースタンドが増え、会計はほぼスマホでQRコードを読み取る形のモバイル決済になりました。現金支払いと大きく違う点は、会計が一瞬で終わるので、ほとんど支払いを意識しなくなってきている点です。支払いを意識しなくなると、コーヒースタンドは「コーヒーを買いに行く店」というより、「気のいいお兄ちゃんがコーヒーをふるまってくれる場所」へと変わっていきます。これまでは「エスプレッソは18元です」という画一的なやり取りをしていましたが、その代わりに「おはよう、今日は何を飲む？」という会話になり、おすすめの豆を紹介してくれたり、天気の話をしたりとコミュニケーションが増えていきます。

　「無人化」というとどんどんサービスが機械化していく印象がありますが、実際には**従業員とよりコミュニケーションを取り、より人間的な温かいサービスを提供する**プレイヤーが生き残っています。これは、リアル店舗での顧客との接点の価値が変わっていく大きなポイントではないかと思っています。

　こうした現象について、「ツイッター」の共同創業者であり、急成長を続けているモバイル決済「スクエア」の創業者でもあるジャッ

第3章　アフターデジタル事例による思考訓練

ク・ドーシーは「シンプリファイズ・ザ・ワールド」と呼んでいます。ドーシーは、「決済という作業は、商品を売る側と購入する人が仕方なくやらなければいけない行為で、もしこれを短縮したり不可視化できたりすれば、買い物という行為は本来の人間対人間のコミュニケーションや物語の交換に戻って、売りたい人と買いたい人の意識が一瞬でつながることができる」と話しています。

スターバックスは「スクエア」が提供する顔認識のデジタル決済を導入しており、それによりユーザーにとっての「サードプレイス」を実現することができたといいます。この「サードプレイス」とは、スターバックスの企業理念です。スターバックスでは顧客を迎える実店舗を、家庭（ファーストプレイス）や職場（セカンドプレイス）とは違う、第三の場所「サードプレイス」と呼びます。そこでは極上のコーヒーに加え、スタッフからの温かい気遣い、心地よいコーヒーの香りと音楽、ゆったりとした空間が生み出す居心地の良さなどが提供され、それを「スターバックス体験」と呼んでいます。

スターバックスが顧客に提供するのはコーヒーという商品だけでなく、統合的な「スターバックス体験」だという考え方です。今や1杯100円でコーヒーが飲める時代に、スターバックスはコーヒーのおいしさという「機能価値」を提供するだけでなく、体験や、体験を通じたソーシャルでの影響といった「感情価値」「関係性価値」を提供しているのです。

そう捉えれば、レジでの支払いで生じる「カフェラテは330円です」「500円お預かりしましたので170円のお釣りです」というやり取りは、心地よいサードプレイス的な顧客体験の邪魔になります。顔認識

によるデジタル決済を使えば、決済がスピーディに済むだけでなく、顧客の顔を見た瞬間にその人の過去の注文データを照合できるので「普段はローストの強めがお好きなんですね。今アラビカで、すごくいい豆が入ったばかりですよ」という本来のサービスに時間を使えるようになります。決済というお互いに仕方なくやっている作業工程やプロセスを省いていくと、より人間らしいコミュニケーションに戻っていくということが、本当の意味での「レアな顧客体験」につながっていくのです。

現在は、どんなに機能が良い商品でも簡単にコピーされ、機能価値では差異化しづらい時代です。体験はコピーされないので、サービス体験への没入を中断させない「フリクションレス」にしていくことが大事なのです。

デジタルでより進化する「人間的な個別対応」

店舗における人の役割よりさらに「手厚い」接点として、教育や相談のような個別対応（第2章で説明したハイタッチに当たるもの）が挙げられます。この個別対応という接点もやはり、さらに体験化、コミュニケーション化していきます。その背景には当然デジタル技術の進化があり、「機械化によるヒューマナイズド（人間化）」という矛盾めいた現象の顕著な例として、2006年に設立された教育系非営利団体「カーンアカデミー」が挙げられます。カーンアカデミーはユーチューブ上で様々な教科の講座を配信し、自前の運営サイトでは練習問題や教育者向けのツールを無料で提供しています。

創始者のサルマン・カーンは、「ユーチューブを使った教育はヒュー

マナイズド・エデュケーションだ（教育の人間化）」と言っています。一見すると機械を通じた授業は無機質に見えますが、教室で教師が教える授業は複数の生徒に向けていっぺんに教えるので、生徒一人ひとりへの個別対応が難しい状況です。授業についていけなくても、他の生徒が聞いているので、「ここが分からないので教えてください」と繰り返し質問しづらく、逆に理解できている生徒からしたら「動画なら早送りできるのに」と思いながらも聞かなくてはいけません。また先生の体調や気分次第では、一人ひとりへの対応が十分にできない日もあるでしょう。それなら、ユーチューブで授業を聞いたほうが、生徒は自分自身のスピードで学ぶことができるし、分からないところは何度も繰り返し聞くことができます。

　カーンが提案しているのは、生徒はまず自宅でユーチューブの授業を聞いて予習をして、学校では授業で分からなかった箇所を生徒同士で教え合ったり、教師に質問したりするという方法です。このほうがずっと効果的との指摘もあり、学校での学びも変わりつつあります。

　カーンが「ユーチューブを使った教育はヒューマナイズド・エデュケーションだ」と言っているのは、IT技術を取り入れれば、生徒の個別課題に対応しやすくなるので、大勢に向けて授業をする大量生産型の教育と比べて、生徒一人ひとりをより人間扱いできるという意味で「教育をよりヒューマナイズド（人間化）する」と言っているのです。つまり、アフターデジタル時代の顧客体験は、データやIT技術を生かして、いかにユーザーのリアルペインを解決するために、ユーザー一人ひとりにきめ細やかな対応ができるか、そこからいかに人間対人間のコミュニケーションを築いていけるのかが問われているのです。

例えば、中国平安保険は、ユーザーと常時オンラインでつながって顧客情報や行動データを取ることで、ユーザーの生活の困りごとや健康に関する不安を取り除くようなきめ細やかなサービスが好評を博し、一気に広がりました。平安保険の外交員は、交通事故を起こした被保険者にすぐに保証金を振り込み、事故対応している間のお子さんのお迎えを申し出たというのです。こうした対応が可能なのは、顧客の行動データをたくさん持っているので審査をスピーディに済ませることができ、保険外交員が膨大な事務作業をする必要がなく、また普段から顧客との接点を多く持っているので、ユーザーが何に悩んで、どういうことに困っているのかを把握できているからです。

　ここには、2つの観点があります。まずは「自動化・最適化」です。これができるようになると、人間がわざわざやっていた「余計な作業」がなくなります。これによって人の仕事がなくなると考えるのではなく、「余計な処理や情報収集の時間が消え、空き時間が生まれる」と捉えます。空き時間は「人」という貴重なリソースを使えるので、感動体験や密なコミュニケーションに充てることが可能になります。

　もう1つは「個別化」です。デジタル上で常時接続してユーザーの行動データが取れているからこそ、「ユーザーが困っている瞬間とその困りごと」が、前後関係やその人の特性を含めて理解可能になります。**正しいタイミングで、正しい形で適切なサポートを提供できる。**それが、ユーザーとのさらなるエンゲージメントを生み出し、付加価値となるのです。

3-3　技術進化による「おもてなし2.0」

人に伝えたくなる共感と感情価値とは何か

　接点よりもさらに深く入り込み、「感動体験」「感情価値」といった、もう少しウェットな話題に入りたいと思います。日本でよく言われる「おもてなし」は、アフターデジタルの世界においてどのように捉えればよいのでしょうか。

　思わず人に伝えたくなる感動的なカスタマーサービスで有名な企業として、靴のネット通販会社「ザッポス（Zappos）」がよく取り上げられます。ザッポスはユーザーの想像を超えたカスタマーサービスで大きな話題を生み、他社がまねできないような独自の企業文化を築いていることでも知られています。

　数多く残されている逸話をいくつか紹介します。ユーザーの希望する靴がザッポスのショップには取り扱いがなかったため、ユーザーの商圏内にあるあちこちの靴屋に電話をかけ、その靴を見つけて取り置きまでして連絡をくれたというエピソードがあります。そのほか、お母さんへのプレゼントのためにザッポスで靴を購入したものの、そのお母さんが亡くなってしまったので商品をキャンセルしたい、という問い合わせを受けたところ、ユーザーにお悔やみの花を贈ったというエピソードがSNSでシェアされています。

ザッポスの新規顧客は3分の2が口コミで、4分の3がリピートユーザーになっているそうです。同社の広告宣伝費は売上のわずか1％ですが、10年で売上1,000億円まで成長し、アマゾンが800億円で買収しています。しかも、企業文化に口出ししないという条件つきです。

　ザッポスのようにこれまでのカスタマーサービスの域を超えた顧客体験を提供するには、経営、バックエンドシステム、従業員のマインドセットまでを併せて設計する必要があります。現場のスタッフがいくらホスピタリティを発揮しても、それを評価できなかったり、バックエンドシステムが付いてこなかったりすれば、当然うまくいきません。逆もしかりです。

　次に、高いホスピタリティときめ細やかなサービスで有名な一流ホテル「リッツ・カールトン」の事例を紹介します。

「ビジネスマンがチェックイン後、重要な書類を部屋に置き忘れてしまった。書類がなければ一大事になるところだったが、従業員がすぐにその書類を飛行機で届けてくれてことなきを得た」

「結婚記念日に宿泊を予定していた夫婦が緊急の事情でやむを得ずキャンセル。落ち込んでいたら家の前に1台の車が止まり、中から運転手が出てきて『ザ・リッツカールトンホテルからのお届け物です』と、シャンパンとグラス、焼きたてのクッキー、バスローブ、さらに従業員からの祝福のカードを届けてくれた」

「ニューヨークのリッツに宿泊したとき、固い枕に変えてほしいと頼ん

だら、次にモスクワのリッツに泊まった時、そこにはリクエストを出す前に既に、固い枕が用意されていた」

・・・

　このような感動体験の事例は枚挙にいとまがありません。こうした品質が生まれる背景に「クレド」があります。クレドとは「組織のあるべき姿や社員の姿を表した価値観」のようなものを指します。リッツ・カールトンの社員には冊子が配られ、その1枚目には図表3-1のような図が描かれています。

　図の上の「ミスティーク」という言葉は聞きなれないかもしれませんが、「神秘性」と訳されています。一般的には、お客様自身も気づ

図表3-1

いていないようなニーズに対応するといった、感動体験の源泉になる考え方とされています。リッツ・カールトンの社員は裁量が与えられており、自己判断でお客様に対してミスティークを提供することができます。

同時に重要なのは一番下にある「機能性」です。機能性とは、例えばユーザーから見れば「とにかく便利で嫌な体験がまったくないこと」であり、ホテルから見れば「顧客データの保管と感動体験のベースになる情報（宿泊回数や誕生日、同行者の情報など）が活用できる状態にあること」です。こうした機能性が十分に整うからこそ、「感動が感動になり得る」ということを、このクレドの図は示しています。いつもの体験が便利で快適であるという土台があって、さらにミスティークという「リアル体験の感動」が上乗せされ、結果好きになってしまう（＝エモーショナル・エンゲージメント）ことを、端的に表しています。

中国の「ジンドン」（京東、JD.com）もリッツ・カールトンに近い裁量権を従業員に与えています。ジンドンはECサービスを提供しており、中国ではアリババの天猫に次ぐ第2位に位置します。同社は自社でロジスティクスを持っているので配達員はジンドンの社員です。ジンドンの配達員は商品を届けに行くと、その帰りにユーザーのために何か1つ役に立つことをするルールがあるそうです。

例えば、高層マンションの上層階まで荷物を届けるとき、到着5分前に電話をして、「今から行きますので、もしよかったら帰りにゴミを捨ててきますのでゴミをまとめておいてください」と連絡するそうです。高層マンションの上層階に住む人は、下まで降りてゴミを捨て

なければならないのが億劫なので、ジンドンの配達員は荷物を届けた後、その空いた手を使って自主的に代行しているそうです。

　たいていの高級マンションは1階のレセプションに荷物を預けるのが通常で、基本的に配達員はレジデンス・エリアに入ることを許されていません。しかしジンドンの配達員はユーザーから歓迎されているので、レジデンス・エリアまで入ることが許されているそうです。

　こうした事例は、**ホスピタリティを徹底することで経済合理性が成り立つという従来奇跡のように見られていた事例が、**中国平安保険のように、**テクノロジーによって実現しやすくなっている**と捉えることが重要です。圧倒的な機能性の上にユーザーにとってのレアな顧客体験が重なり、さらに、本当に困ったときに助けてもらえると、顧客ロイヤルティは劇的に高まります。そうなると、サービスの継続率は上がるし、バイラルで新規顧客を獲得できます。こうしたことがデジタル、データ、AIによってより簡単になり、成り立ちやすくなっているということです。

　AI技術の進歩における懸念が流布されている昨今ですが、必ずしも未来は「冷たいもの」ではありません。これまでの「IT技術を取り入れる」という考え方ではなく、アフターデジタルに視点を移行して考えることで「リアルの強みを活用する」という考え方が可能になり、より人間味あるサービスが提供できる時代になったと捉えるべきでしょう。

顧客体験は1回限りの「接客」ではない

　日本でこうした話をすると「おもてなしの接客が大事ですよね」と理解されがちです。日本は現場における接客レベルは高いのですが、目の前にお客様がいるときの「一期一会のみ」に偏り過ぎる傾向にあるのではないでしょうか。

　例えば、日本のあるラグジュアリーホテルにこんな話があります。私の知り合いにそのホテルが大好きな人がいて、しょっちゅう家族で泊まっています。その方には障がいを持つ子どもがいて、配慮された遊びやすい場所があり、接客が丁寧でとても快適なので、好きになってよく利用していたそうです。

　でも、「前回は夏にいらっしゃいましたが、当ホテルは秋も快適ですよ」とおすすめされることもなければ、毎回、宿泊をするたびに「障がいを持つ子がいるので、こういうものが必要です、こうした場所には行けません」と同じ説明を繰り返さなくてはならなかったそうです。結局、その知り合いは説明の手間と心理的な負荷もあって、別のホテルに乗り変えたそうです。

　この事例は、まさしくビフォアデジタル的と言わざるを得ないでしょう。商品やサービスを受ける接点のみを考えている状態で、アフターデジタルの「常時接続」「いつもデジタル上で会える」という考え方をしていません。顧客の体験を1回のみの単一接点で終わらせず、ずっと継続し、高速で改善できる時代になったのです。「顧客に接する」部署だけでなく、1回限りの接点を超えて、連携して顧客体験を生み出していくことが重要です。「モノからコトへ」ではなく、「モノ

から寄り添いへ」といった意識に変えたほうがよいのではないかと思います。

これからキャッシュレスや5Gの導入が進めば、ますます顧客の行動データが取得できるようになるので、「データをフル活用したおもてなし」が当たり前にできるようになります。その時、商品やサービスを高速改善して磨けるような「アフターデジタル的な機能性」をいかに持ち、「おもてなし2.0」へと変化させていくのか。私たち日本人には、ミスティーク的な「慮る力」「先回りする力」という文化的な強みがあるはずなので、視点をアフターデジタルに切り替えて動くことができれば、きっとその力が最大化されると信じています。

3-4 高速化・細分化・ボーダレス化する、これからのものづくり

接点の話はこの程度にして、アフターデジタルの世界では、「ものづくり」がどのように変化するのかを説明します。

ものづくりと言えば、かつて中国・深センは「世界の工場」と言われていましたが、現在は変貌を遂げています。とてつもないスピードで成長した深センは、工場をたくさん構えたり、工場労働者をたくさん雇ったりできるほど、土地も人も安いわけではなく、むしろ中国の中でも最高水準になっています。一方で、引き続き「ものづくりの最先端は深センにある」と言われており、「シリコンバレーの1カ月は

深センの1週間」という言葉もあります。その深センから、「これからのものづくり」について学べることは非常に多いと思います。

深センから見える未来のものづくり

　まずは簡単に、深センがどのような場所かを説明します。深センは「車で1時間圏内のエリアに、あらゆるものづくりに関わるプレイヤーと、あらゆる部品があらゆるロットでそろっており、部品ごとの相性を見極めてつなぎ合わせる設計会社が取引を円滑化することによって、企画〜生産〜輸出までを超高速で行える」場所です。あらゆる部品とは、最小単位の部品から、パーツとして組み合わさった部品、さらにほぼ商品手前まで組み立てられた部品など、レイヤー別にほぼすべてそろっています。

　現地の研究員にここ2~3年の変化を聞いてみたところ、「スタートアップやソフトウエア企業が増えた。そうした会社もものづくりをする時代になり、深センはそれに応えられる土地だから」と教えてくれました。これまで、ものづくりをするには様々なアセットを持たなければなりませんでしたし、ロットも半端な数では発注できませんでした。開発力と資金的体力のあるプレイヤーが、試行錯誤の開発の後に一気に生産し、流通するのが普通でした。しかし、深センという場所は前述の特徴により、必要な個所（パーツだけでなく、サプライチェーン上の一部のアセット）を必要な分だけ取り出したり、外部化したり、借りたりできるようになったため、**「ものづくりの負荷が限りなくフリーアップされた」**とも言える状態になっています。

　これだけでは「そんなことを言っても、長い歴史と技術力を持つ企

業に勝てるわけがない」と思われてしまうかもしれませんが、OMOという考え方を適用すると、従来のものづくり企業にとっても脅威になります。

　OMOの基本概念の1つは、「高頻度接点でデータを獲得し、プロダクトとUXを高速で改善する」です。深センという場所は、これを実現するのに最も適した場所であると言えます。例えば、顧客接点を多く持ち、資金も十分に持っているソフトウエアの会社がものづくりを行うとどうなるでしょうか。初めはそこそこの質で市場に出したとしても、**顧客ニーズに合わせて超高速で改善を回し、最終的には顧客ニーズを最も捉えた商品を提供する**ようになるかもしれません。持ち前の強みを生かしてモバイルアプリを使えば、商品だけでは得られないようなより多くの接点を確保することもできるでしょう。

　実際にシェアリング自転車は、これに近い例だと言えます。2016年頃、中国都市部ではよくセグウェイに乗っている人を見ましたが、シェアリング自転車が広まるとその便利さから淘汰され、さらに既存の自転車業界も破壊してしまいました。彼らは市場ニーズの変化に合わせて次から次へと新しい機能を付けた自転車を投入し、他の参入者との差異化を図り、ユーザーを増やしていったのです。

　中国でバーコードスキャナーを作っていたグローバル大手企業から、「アリババがアリペイを広めるために無料でバーコードスキャナーを配ってしまい、市場シェアがどんどん奪われている。ハイエンドスキャナーを作って対抗したいので手伝ってもらえないか」という相談を受けたことがあります。バーコードスキャナーは、以前はスキャン精度や速度が大きな差異化ポイントでしたが、技術が進歩して

そうした点では大きな差をつけにくくなっています。アリババはバーコードスキャナーの販売ではなく**購買データでマネタイズするので、そこそこの品質のものを世の中にばらまいて、アリペイというアプリの体験品質で価値提供をする**というモデルで勝負してきたわけです。結局その企業に対して「既に価値はスキャンそのものではなく、その後のデータ処理にある」とお答えし、結果、スキャナーの新規開発はお取りつぶしになりました。

あらゆる行動データが取れるようになり、AIが個別のユーザーの好みや傾向を把握できるようになると、「商品の個別化対応」まで自動化されることが予想されます。画一された商品を多く生産するのではなく、好みに合わせた数パターンを、全員分デザインを変えて作成する、といった流れも既に起きています。**変化が速く、流動的な時代において、顧客のニーズを理解して個別対応や高速反映ができるプレイヤーが強くなってしまう可能性も十分にある**、ということを示しています。

グローバルでのOMO型ものづくり

こうしたものづくりの変化はエリア限定的ではなく、日本でも起こりえます。すでに上記のようなものづくりはグローバルで行われています。例えば、私たちが以前深センで訪問したPCHという企業は、アイデア出しからその試作品の具現化、量産から世界への流通まで、一手に引き受けるワンストップ型のものづくり支援企業です。グローバルでの深セン活用を効果的に行うプレイヤーで、本社はアイルランドにあり、商品の企画やアイデア出しは最高の英知が集まるシリコンバレーで行い、アイデアが固まると深センにそれを持ってきて、高速

でプロトタイピングし、ラインに乗せて中規模に生産し、そのまま深センからクライアントの倉庫を挟まずにダイレクトにエンドユーザーに配送します。メインのクライアントはほぼ欧州だそうで、訪問した時にはデジタル系のプロダクトだけではなく、商品のケースになる革製品や、ユーザーから投稿された画像を個別にプリントするカスタマイズ型スマホケースなどが作られていました。

もともと深センは、中国のOMO促進を下支えする役割を持っていたと言えます。第2章で説明した李開復によるOMOの発生条件をまとめると、「スマホの普及」「モバイルペイメントの普及」「センサーの安価化」「AIの発達」となり、このうちのスマホとセンサーは深センの強みです。ただ、PCHから読み取れることは、深センという土地は今や中国のOMOを下支えする場所ではなく、グローバルものづくりの高速化を支えているということです。

企画やアイデア出しとプロトタイピングを行ったり来たりして開発するというプロセスは、インターネットによって地球の裏側ほど場所が離れていてもできるようになりました。すると、クリエイティビティを形にし、そのPDCAを高速に回すというプロセスも簡単になり、どんどん新しいものが市場に出て、淘汰され、改善されていくようになります。結果、スタートアップでもものづくりをするような、アイデアやクリエイティビティが活きる時代になっていて、そこを支えているグローバルな戦場として深センがあると見ることもできます。

必ずしも深センを使う必要はなく、同様の高速ループが回せるのであればどこでも構いません。ただ、アフターデジタルではものづくりがどのように変化するのかを認識する必要はあります。

3-5 不思議で特異な日本の強み

　ここまで見てきたような文脈で話をすると、日本は変化スピードの遅さや、既得権益や規制など、いろいろな「できない理由」が語られます。確かに、国としての制度は中国と日本で大きく異なり、中国の2015年からのデジタル発展は、規制緩和、つまり「やってはいけないことを決める制度」に支えられています。対して日本は、「やっていいことを決める制度」が通常です。街中をセグウェイのような新しい乗り物が走ることにしても、日本では道路交通法でまだ決められていなければ「やっていいことに書いてないのでダメ」。逆に中国では「まだ決めてないので、一旦はOK」となります。この緩和を特定業界において実施した「インターネットプラス」という政策が、2015年以降の中国の目覚ましい進歩を生んだ背景として語られます。

　このような国家レベルでの加速が日本で起こりうるのかは別の議論ですが、そうした議論を差し置いても、日本には様々な強み、良さ、ユニークネスがあり、それを活かして生き残るには、視点をアフターデジタルに変換することが一番重要だと思います。

おふざけと人の温かさという不思議な強み

　テンセントのUXを担当するトップの方に以前お会いした際、「日本のすごいところはどこだと思いますか？」と尋ねたところ、次のような答えが返ってきました

「私は日本を尊敬しています。それは主に2つの点からです。1つめはおふざけとかお遊び、アニメやコスプレもそうですが、何か意味のないことに異常な情熱を傾け、ユニークな文化や発明をしてしまうところが本当にすごいと思っています。もう1つは温かさや絆です。日本の文化や作品から感じられるような、人同士の間に自然にある温かさのようなものは、なかなか中国で生み出せるものではありません。このような成熟した文化が生み出すものは、我々がこれから学ばなければいけないところと思っています」

　ビービットが中国に進出した際にも、実は近しいことを言われています。あるグローバル企業の中国支社幹部である中国人の方に、アドバイザーを引き受けてもらった時にこう言われました。

「なぜ私が君たちのアドバイザーを受けようと思ったかというとね、やっぱり日本人や日本の企業には、独特の温かさみたいなものがあって、君たちはそれを中国にもたらしてくれるんじゃないかと思っているからなんだよ。例えばユニクロは、ZARAと比べてなんだか温かい。無印もシンプルなのに、なぜか温かみがある。そういう我々に出せない価値がどこから来ているのか、教えてくれるんじゃないかと思っているんだよね」

　この2人は中国をけん引してきた第一人者です。そんな2人がそろって同じことを言っているのです。

IDに対する、IPの強み

　デジタル先進国の大きな強みの1つは、IDを押さえる力、つまりあらゆる情報を個人IDにひも付けて活用できるプラットフォームとしての力にあると言えるでしょう。中国事例だけでなく、いわゆるGAFA（Google、Amazon.com、Facebook、Apple）も同様です。こうした世界の潮流において、日本の優位性はどこにあるのかを考えたときに、やはりコンテンツやキャラクタービジネスなどの「IP」（インテレクチャル・プロパティ）は強みになるでしょう。

　今や中国も国産アニメや国産ゲームでどんどんのし上がってる時代ですが、「二次創作そのもの」が文化や市場にまでなっている日本のコミュニティ形成力はその比ではありません。

　重要なのはキャラクターそのものではなく、そこに組み込まれた世界観やコンセプトです。それが人を魅了し、人が集まり、つながって、絆や温かみを形成していくのです。この観点を語るにあたり、実は世界で注目されている日本人として、放送作家であり脚本家である小山薫堂さんが挙げられます。小山さんはいま「街レベルのコンセプトをつくれるクリエイターでありプロデューサー」として、中国でのスマートシティ化や街づくりの案件がいくつも舞い込んでいるそうです。中国では「くまモン」が人気で、IPを使った町おこしをプロデュースした第一人者として脚光を浴びているのです。

　もともと小山さんは熊本出身で、大人になって故郷の熊本に帰った時に、幼年時代には感じられなかった熊本の良さを実感したといいます。通常の街のPRのように、県外の人に対して場所や特産品を売り

込むのではなく、熊本にいる人たちが熊本のいいところを再発見して勝手にPRしていくシステムがあったらおもしろいんじゃないかという発想から、「くまもとサプライズ」という企画が生まれ、そのキャラクターとしてくまモンが生まれました。熊本県人による熊本のためのサプライズ企画です。熊本の中の人が自分で見つけた熊本の魅力やサプライズを、「この熊のキャラクターを使って勝手に発信していいですよ」というプラットフォームを作ったのです。その結果、くまモンを様々な人が使い始め、あらゆるところでくまモンを見かけるようになり、果ては中国までその人気が飛び火したというわけです。

これまで説明した通り、中国ではテンセント、アリババ、その他のデジタルプレイヤーと政府の統制によって、顧客の購買行動データや移動データなど、あらゆる行動を活用できるようになりましたが、そこでできることは最適化です。TikTokをはじめ、ユニークなサービスももちろん生まれていますが、信用の可視化や不必要なプロセスの排除など、社会の円滑化には一定の活用方法があり、方法論化されることで平準化されていきます。

例えば、スマートシティは中国における注力トピックの1つで、データという資源を使っていかに良い街を作っていくかということが考えられていますが、基本的に中国のスマートシティは「交通制御」「行政と医療のデジタル化」に収束していきます。すると、「便利にする」という文脈だけでは、結局のところ差異化できなくなってきます。その結果として、コミュニティを作って温かい特徴ある街にしたいという思考に行き着き、「くまもとサプライズ」という町おこしはとてつもなく魅力的な事例に見え、複数のスマートシティ企画が小山薫堂さんのところに殺到するわけです。

デジタルによってオフラインがなくなり、すべての行動がデータとなってIDにひも付いた時、個別最適化や効率化によって多くの「利便性」がもたらされます。これは本当に重要なことです。ただ、そうした利便性が当たり前になると、個々のサービスは「個別最適化」や「効率化」以外でないと差異化できなくなります。そうしたときに、ユーザーと企業を結ぶ貴重な接点を作り出するのに、IPの力が活用できるのではないか、というのがこれらの事例から得られる示唆です。

情報による付加価値、環境による付加価値

ここまで読んで「つまりはブランディングだ」となってしまうと、ビフォアデジタルのままIPを作り続けることになってしまいかねないので、もう1つ、あるべき観点を追記します。

これまでの広告の多くは「情報による付加価値」を志向していました。特定の商品や企業に対して特に何の思い入れもない状態に対し、バックストーリーや共感を生むようなブランディングを行い、価値を付加して「思い入れ」を作ってきました。これ自体、素晴らしい技術であり、私もたくさん好きなブランドがあります。この技術はアフターデジタルであっても基盤となるでしょう。

アフターデジタルにおいてIPの力が貢献するとしても、デジタルでいつでも接点が取れるといった状況を踏まえることが重要です。小山薫堂さんの「くまもとサプライズ」がすごいのは、それがコミュニティを作る仕組みであり、自発的にみんなが広めていくような環境である点です。この事例は、大いにデジタルを活用したわけではありません。温かみにあふれているので、そう思われないかもしれません

が、「環境を設計して行動を促し、そこに生まれた体験に価値がある」という意味では、ジーマ・クレジットやタクシーのディディと近しい事例のように思います。中国のスマートシティの案件が小山薫堂さんのところに行くのも、単なるキャラクターブランドではなく、こうした「コミュニティづくり」に価値を感じているからだと言えます。

　商品を使うときや見かけたときに思い浮かぶバックストーリーではなく、ユーザーにその世界観の上に乗ってもらい、そこでいかに自発的にコミュニケーションや体験を創り出していくかが求められています。それは単なる情報による付加価値ではなく、環境やシステムを設計することによって生み出される体験価値だということができます。日本の若い世代の文化を見ていると、そういうことが自然にできている土壌があると感じられます。他の国の方々が持っていない、日本人の根底にある強みだというわけです。この強みを活かすには、本書で説明しているOMO視点に変えられかどうかが鍵になってくるだろうと思います。

第4章

アフターデジタルを見据えた日本式ビジネス変革

4-1 次の時代の競争原理と産業構造

　状況、文化的背景、商習慣などが異なる日本企業では、これまでお話ししたような事例とまったく同じような変革ができるわけではありません。当然、グローバル共通の考え方と、日本企業ならではの考え方には違いがあります。最終章では、日本が取るべきデジタルトランスフォーメーションの1つの道筋をお伝えしたいと思います。

　まずは、前章までにお伝えした要点をざっとおさらいします。

アフターデジタルの到来
・デジタルが至るところに浸透し、常時接続が当たり前になると、これまでオフラインだった行動も含めて、すべての行動データがオンラインデータになり、IDにひも付けられるようになります。
・人々の感覚としても、デジタル世界に住んでいるような状態になり、オンラインとオフラインを区別しないようになります。

ビジネス形態の変化
・大量にデータが出るようになり、OMOで思考できるようになると、企業体のできることが変わってきます。
・小売りの場合、フーマーはその膨大な行動データから、主要な対象顧客が住んでいるのかどうかを把握した上で出店しています。オンラインの利便性と、オフラインの「確かめられる安心」を連動させて顧客を魅了し、欲しいものが欲しい方法で、欲しい時に得られる

ようにしているのです。さらに、オンラインとオフラインの双方の購買および閲覧データを使って、予測を含めた在庫や仕入れを管理することも可能です。
- 医療の場合、平安保険は、従来ほとんどユーザーとの接点がありませんでした。接点が無ければデータを得ることはできないので、スマホのアプリを開発し、そうした状況を変えました。医師による年中無休の無料問診や予約というキラーコンテンツと、ヘルスケア情報の閲覧および「歩くだけでたまるポイントプログラム」という頻度の高い機能をアプリ上で融合させ、顧客との接点を作ったのです。そして、顧客の利用履歴から把握した「属性、好み、状況」の情報を使って、営業員やマーケター、コールセンターと連動し、ベストなタイミングで顧客に新しい提案をすることが可能になりました。
- 移動の場合、ディディは、運転と接客の品質をスコアで可視化し、さらにそのスコアをインセンティブにすることでより高い運転品質での移動体験を可能にしました。ユーザーとドライバーの相互評価にもなっているので、ユーザー側もキャンセルし続けたり態度を悪くしたりしにくく、かつ良いユーザー（および良い配車案件）と良いドライバーがマッチングされる構造になっています。

これらの事例を踏まえると、アフターデジタル時代のビジネス原理は、次の2つにまとめることができます。

(1) 高頻度接点による行動データとエクスペリエンス品質のループを回すこと。
(2) ターゲットだけでなく、最適なタイミングで、最適なコンテンツを、最適なコミュニケーション形態で提供すること。

これら2点について説明します。

(1) 高頻度接点による行動データ×エクスペリエンスのループ

ビジネス原理の1つめは、以下のようなループを回すことです。

エクスペリエンスが良いから優良なユーザーと良質なデータがたまる
↓
得られたデータでエクスペリエンスを良くしてユーザーにお返しする
↓
さらに良いデータがたまる…

この時にありがちなのは、「うちの会社は顧客との接点が年に1回しかない」という状況です。特に買い切り型のモデルや定期更新型のモデルでそのようになりますが、これではループを回しようがありません。自社または隣接するサービスとのエコシステムによって、いかにして高頻度の接点を作っていくのかを考え、実行する必要があります。

「良いエクスペリエンスを提供する」というのはなかなか想像しにくいかもしれません。お勧めは、頻度や接点の特性でレベルを分けることです。第2章で説明したハイタッチ、ロータッチ、テックタッチの話と同様になります。

ハイタッチ
一人ひとりの顧客に個別対応できる時は、**特定の人に対応できるからこその感動や、信頼を得られるような徹底した対応を提供する。**

ロータッチ
　ワークショップやイベントなどの「場」では、リアルだからこその**心地よさや得難い密度の情報を提供する。**

テックタッチ
　オンラインサービスやオンラインサロンでは、**プロセスが短くて便利で、さらに高頻度で使うと得をする**というインセンティブを提供する。

　それぞれの接点で異なる体験を提供し、それらをバランスよく配置・設計することが推奨されます。個別のIDから取れるデータを基にできる限り最適化し、データから時流やニーズを読み取って新たな打ち手を高速で提示する、という状態が理想的です。

　なお、「良い体験にしてユーザーに返すからデータを預けてもらえる」ということは、第3章で扱ったデータ倫理の観点が大事で、ユーザーからの信頼が前提になります。特に、ビッグデータを預かり、それを扱うことを公然としている大企業にとっては、データを活用していかに社会貢献するかということまで求められます。以前アリババの担当者に、「これほど多くのデータを持っていて活用できることを、国民にどう思われていると思いますか？」と質問したことがあります。その時の回答はこうでした。

・・

「データをどのように使うのかが試され、一人ひとりからそういう目で見られていると常に意識している。だからこそ、都市設計や交通データに活用し、さらには植林活動など、得られたデータを社会貢献とし

て還元する活動を行っている」

　便利かつ信頼できる企業・サービスなら、自分のデータを提供しても構わないと思うのは普通ですし、逆に、データを提供したことでひたすら売りつけてくる会社に対してネガティブなイメージを持つのは当たり前のことです。こういったネガティブなイメージを持つ会社やサービスとの接点は、どんどん接する頻度が低くなっていきます。「実は不便で、顧客をだまし、お金がちゃりんちゃりんと入ってくるサービス」は、高頻度接点と高付加価値をもたらすアフターデジタル時代のサービスに淘汰されていくでしょう。

接点を持っているプレイヤーによる破壊的インパクト

　高頻度接点と高付加価値によって、まったく異なる業界に対して驚異的な打ち手が生まれた例を1つ紹介します。アリババ傘下のアリペイ（会社名はアント・ファイナンシャル）による、相互保険の例です。

　アリペイは中国の多くのユーザーが毎日使っている決済アプリで、私（藤井）も1日に5回は開いて使っています。そのアリペイから保険商品「相互宝」が発売されました。いわゆる相互型保険で、例えば100人が加入した状態であれば、1人がケガをすると100人で医療費などを負担するという、保険の起源となる考え方をデジタル上で実現した商品です。

　いつも使っている「アリペイ」に、ある日突然「相互宝」への案内

が表示されました。紹介ページではボタン1つで加入でき、加入は無料であることから、1日で30万人の加入者を獲得しました。**1日30万人だけでも大変な数ですが、8日で1,000万人、2週間で2,000万人を超える人が加入したそうです。** 中国は日本と違って保険への理解は浸透しておらず、保険会社は頑張って必要性を啓蒙しながらビジネス拡大をしている状況にもかかわらず、たった1つのシンプルな保険によって、2,000万人の人たちが「保険はこれで十分だ」と思ってしまう状況を作り出したのです。

相互宝をもう少し詳しく説明すると、月に2回書類申請のタイミングがあり、ケガや病気にかかった人が必要書類を出して審査が通ると、加入者全員で割り勘にして、その支払いがアリペイから自動的に引き落とされるという仕組みです。審査書類は保険加入者全員がいつでも確認でき、異議を唱えることもできるそうです。母数が増えれば増えるほど負担額が減る仕組みで、アプリでは加入者人数が表示されていることもあり、口コミで広がりゲーム的に加入するという現象が起こりました。保険加入の資格として、「信用スコアであるジーマ・クレジットが650点以上のユーザーのみが対象」となっており、ユーザーは限定されるものの「信頼できる人のみが加入する」という安心感を醸成しました。

なお、アリババは管理費を10％徴収しています。例えば今月の負担額が100万円だとしたら、それに10万円を上乗せして徴収し、上乗せ分の10万円がアリババの取り分という構造です。品質やリスク管理など、専門的な観点で突っ込もうとすればいくらでも突っ込めるのだろうと思いますが、6億人のユーザーが毎日使っているアプリにゲーム感覚でこんなことをやられたら、ひとたまりもありませんよね。

(2) 最適なタイミングで、最適なコンテンツを、最適なコミュニケーションで提供する

ビジネス原理の2つめのポイントを説明します。属性やペルソナなどをベースに「最適なターゲットユーザーを設定して把握する」ことは、PC・インターネットの時代から可能でした。アフターデジタル時代においては、常時接続で得られた高頻度での行動データ把握によって、ターゲットにとどまらず、**ユーザーが望むタイミングを知ったり予測したりすることが可能になり、どのようなコンテンツ(商品を含む)が最適なのかを過去の行動と現在の状況から把握でき、その人の性格や特性に適したコミュニケーション方法で提供できるように**なります。平安保険の例はまさしくこれに当たります。

サービスを使い続ければ、うれしいタイミングで、欲しいものを、気分の良いコミュニケーションで提供してくれるのですから、これに勝るものはありません。これは、**行動データに基づいた「顧客理解」と「即時性」**の重要性が高まることを示しています。

その実現には、当然テクノロジーが重要になります。タイミングやニーズを予測するAIのほか、大量に出てくるID別のデータを処理・分類するチップも必要です。できるだけ速くリアルタイムに処理できればできるほど良いのですから、ダイナミックなデータを扱えるようにすることが必須条件になります。

平安保険がリアルタイムに個別化対応したサービスを提供できるのは、サービスを支える仕組みに秘訣があります。顧客との接触履歴を一元的に管理する社内用データプラットフォーム「LCCH」(Life

Customer Contact History）があり、顧客ごとに過去に発生した様々なやり取りの記録を収集し、顧客一人ひとりのサービスカルテを作成しているのです。カルテの中では、これまで提供したサービス、まだ提供していないサービスを管理し、またその顧客がどのようなサービスを好むのかも予測されています。データを集めて顧客のニーズを深く理解できるようになったため、専門的かつ顧客の状況に寄り添ったサービスの提供を可能にしています。

LCCHは大きく3つの機能に分かれています（以下、ビービット翻訳の「平安保険グループの衝撃」から引用）。

タイムライン

時間軸に沿って、様々なチャネルで発生した接触の履歴（例えば、各種手続きの申請、問い合わせ、ウェブサイトの閲覧、営業職員とのやり取りや、その際の顧客体験の詳細など）を記録する機能。サービス提供側はタイムラインを通じて、総合的に顧客との過去の接触状況を確認することができる。

ペルソナ

顧客のペルソナを作成し、LTV（Life Time Value）やニーズ・嗜好を分析することで、顧客のライフステージや、保険商品の保有状況、行動特性や期待されるLTVなど、カギとなる要素についてラベリングを行う機能。特に、現時点での顧客価値と、潜在的な顧客価値の予測を踏まえた「顧客価値ラベル」は、どの顧客に対して重点的にサービスを提供すべきかを決める重要な要素となる。

ティップス

　接触履歴の分析に加え、保険契約の状況とその顧客の特徴をひも付けることで、潜在的なニーズを明らかにし、より良いサービスを提供するためのティップスを提供する機能。ティップスは、大きく分けて5つのカテゴリー（顧客フォロー、保険内容のリマインド、適切な商品・サービスのレコメンド、思いやりのある対応、顧客対応上のリスクへの注意喚起）で100種類近くが提供されており、日々のサービス改善に活用されている。

　顧客がアプリを使ったり、サイトに訪れたり、リアルで営業員と直接会ったりした場合、それらすべての情報が一括で管理され、グループ会社全体を横串で通した接点データベースとなっています。平安保険グループは、そうした顧客との接点情報からティップスを出せるので、精度の高い提案を顧客に提示することが可能です。

　行動データを取ることで把握可能になるタイミング、コンテンツ、コミュニケーションを制することで、顧客に最高の体験を提供できるようになります。そしてこの最高の体験を提供できる先に顧客の行動データが集まるため、その行動データを使って次の最高体験を作る、といったループが生まれます。

　つまり、アフターデジタル時代のビジネス原理の1つめのポイント「行動データとエクスペリエンスのループを回す」と、2つのポイント「最適なタイミングで、最適なコンテンツを、最適なコミュニケーションで提供する」を満たしていることが分かります。「企業競争の焦点が製品から体験になる」と表現することもできますが、これを「モノからコトやストーリー」という言葉にしてしまうと本質的では

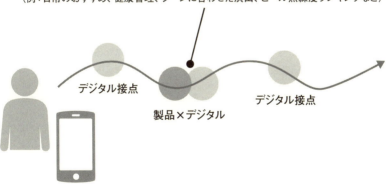

図表4-1

なくなります。**単一接点型から、常時寄り添い型になる**という表現が適切でしょう。データを取得することやシステムを構築することに目が行きがちですが、「エクスペリエンスで価値を提供する」視点が抜けてしまってはいけません。改めて強調したいと思います。ここで説明したことを、アフターデジタルのビフォア、アフターとして図表4-1に示します。

新しい産業構造ヒエラルキー

単一接点型から常時寄り添い型になることで、業界構造やヒエラルキー、いわゆる産業構造も変化します。今までは特に何のデータも残らないのでとにかく売り切ればよく、「よく売れるものがあるかどうか」が最も重要でした。ですので、**メーカー主導で、ものづくりがトップであり、それを流通や小売店を通していかに売るかという構造**になります。時価総額などを見ると、ものづくりの土台となるインフラ（原料、エネルギー、通信など）企業が大きな存在でした。

しかし、ある程度市場が成熟してくると、インフラ供給が当たり前になり、ものづくりが一般化し、価値の出しどころがどんどんとコト型に変わっていきます。これにアフターデジタルの到来が合わさると、「顧客との接点を持ち、そこから得られた行動データで顧客を最もよく理解し、いつでも顧客とつながることが可能になった存在」に価値が移行していきます。当然顧客は、利便性の高いサービスを好み、信頼できて好きな企業のサービスにのみ時間を使います。

結果、「データのやり取り」が新たなインフラとなり、最もお金を生み出しやすい「購買データ」をより多く持ち、それを顧客IDとつ

なげられているプラットフォーマーがトップに君臨する図式が生まれます。GAFAもそのような動きを見せていますが、新しい産業構造において最上位に来るのは、決済を握ったプラットフォーマーになります。その下に来るのが、業界ごとに体験型で価値提供をしているサービサーで、その下にメーカーが位置づけられます（図表4-2）。

サービサーとは、移動ならウーバー/ディディ/grab、飲食ならウー

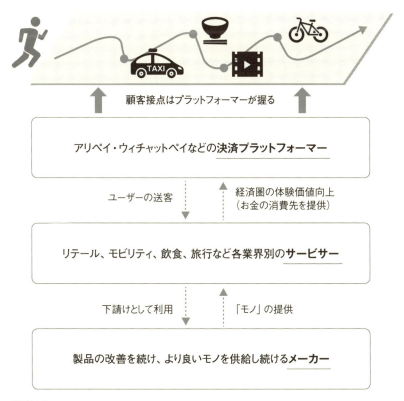

図表4-2

第4章　アフターデジタルを見据えた日本式ビジネス変革　157

バーイーツ/美団/食べログ、小売りならフーマー/コンビニ各社、旅行ならブッキングドットコム/シートリップといった企業です。国や状況によりますが、これらの「業界別サービサー」は通常どこかの決済プラットフォーマーと手を組む形になることが多いと予想されます。中国で見られる構図は、テンセント陣営（ウィチャットペイ）とアリババ陣営（アリペイ）に分かれていて、例えばアリババならタクシー移動はディディ、シェアリング自転車はハローバイクとオッフォ、旅行はフリギー、生鮮スーパーマーケットはフーマー、動画はYOUKUといった形で、各業界の有力プレイヤーはほぼ決済プラットフォーマーの陣営に属しています。

　製品を作ることに特化するメーカーは、サービサーの下に隷属する形になります。例えば中国のタクシー配車大手ディディの車やドライブレコーダーを作るメーカー、シェアリング自転車のモバイクの自転車を作るメーカーという位置付けです。

　図表4-2を見ると分かるように、移動サービス、フードデリバリーサービス、スーパーマーケットなどの各業界のサービスが決済プラットフォームにひも付き、それぞれの業界の顧客に対する体験を良くしていくという形です。またそれがエコシステムのように、1つの経済圏を作る構造になっています。

　この産業構造で重要になるのは、「自社はこの中でどのポジションを確保するのか」という視点です。決済プラットフォーマーは非常においしい立場ですが、限られた会社しかその機能や能力はなく、またユーザーからも、限られた会社しか決済プラットフォーマーとして認識されません。日本では通信会社や大手ECサイト、LINEのような

コミュニケーションアプリの会社が決済プラットフォーマーの座を取ろうとしていますが、この座を奪取するには、ユーザーから見た必然性、事業としてのマネタイズ機能（基本は金融活用とマーケティング活用）、資本力など、複数の条件がそろったうえで、売り手、買い手双方に導入する十分なインセンティブを提供する必要があります。

あるPCメーカーのトップとこの議論を行った際、「自社は電子機器のものづくりに非常に強く、短期間で様々なモノを製造できるため、むしろOEM的に一番下のメーカーを狙い、様々なサービサーにモノを提供するプレイヤーを目指す」と言っていました。これは、強みから考えてポジショニングを一気に取っていくという生き残り方です。自社の強みを踏まえ、どのレイヤーを取りに行くのか、冷静に考える必要があると言えるでしょう。

アフターデジタル社会になると、「社会的な基盤企業」の位置づけは変わります。昔は、金融はもちろん、電力会社・通信会社・エネルギー会社が社会的な基盤企業であり、それらの企業の上で様々な経済活動が行われるという構造でした。アフターデジタル社会になると、「デジタル行動データのやり取り自体」が社会インフラのような役割を持っていて、このデータが、あらゆるサービスが成立するための基盤となります。ある意味、マルクスの言うインフラとスープラ・ストラクチャーにおいて、**データのやり取り（デジタル）がインフラになった社会となり、街や都市のような従来インフラと捉えられていたものは、パッケージ的に転用可能なサービス（スープラ・ストラクチャー）になった**という見方で捉えるのが適切です。スマートシティや自治体に対して適用するべき視点であり、正しい見方ではないかと思います。

4-2 企業に求められる変革

　競争原理の変化と、それによる業界構造の変化を説明しました。次にいよいよ、企業がどのような変革を行っていくべきかを考えます。ここでは、ビジョンや組織体制を含む「(1) 全社戦略」と、「(2) 事業戦略」「(3) ビジネスモデル」の3つのレイヤーに分けて整理します。

　変革の大きな方向性として、デジタルトランスフォーメーションは、アフターデジタルにおけるビジネス原理の変更に合わせて、「ものづくり型から体験寄り添い型、製品指向から体験指向に、すべてのレイヤーで変えていく」必要があります。図表4-3のような図に整理されます。それぞれのレイヤーを具体的に説明します。

顧客や体験を主語にした全社戦略

　まず、(1) 全社戦略レベルの説明です。CEOをはじめとしたトップ経営陣が動かすレイヤーで、このレイヤーでは「組織構造」と「ビジョン」を変えていかねばなりません。

　組織構造は、体験寄り添い型のビジネスを提供するので、**顧客の体験（＝ジャーニー）に沿った組織構造**になっていることが理想です。業態やビジネスモデルによって異なりますが、典型的な例では、広報、商品開発、マーケティング、セールス、そしてカスタマーサクセ

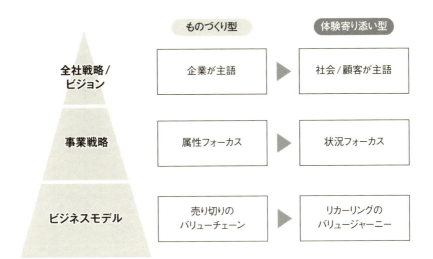

図表4-3

スやCRM、といった部署からなる組織構造です。これは**「特定の段階・状況に置かれた顧客を相手にする」**という観点で整理され、顧客のパターンによる分散が少なく顧客に貢献しやすいことや、指標の重複（カニバリ）が少なくなるため余計な社内政治に時間をかけずに済むメリットがあります。一方で統合的・有機的に活動を連携しなければならず、横串のチームや全部署のトップのコミュニケーション量を増やす必要があります。

　現状の日本の多くの企業では、商品ごとや販売チャネルごとに部署が分かれ、それぞれの部署に開発やセールスなどの工程があります。社内競合が生まれることがありますが、「とにかく商品を売る」という点を重視するなら、社内でも競争しあったほうが良いという考え方なのでしょう。しかしアフターデジタルでは、「顧客にずっと寄り添

う」ことが主目的になります。商品を購入した後の関係を作るには、商品購入の際に「どのようにして次につなげるか」といった視点が必要になってきます。さらにいえば、商品だけではなく、企業やサービス自体との関係性が重要です。顧客との関係性の構築ステップを見据え、ジャーニーベースで組織体制を組むことで、それぞれがそれぞれのステップにおける指標を追いながら、顧客を志向しながら、リレーのようにビジネスしていくことがポイントです。

次にビジョンです。ここでビジョンという言葉は、企業理念という普遍の信念に対して「将来成し遂げたい絵として掲げられるもの」という意味で使っています。往々にしてよくあるビジョンは、「企業の価値や企業視点での世界」または「漠然とした顧客への貢献」が書かれることが多いのが現状です。「うちの会社がこうなっている、こういうポジションを築く」または「顧客を第一に考え、貢献する」といった内容です。これは「自社の商品・サービスのドメインが決まっているから、基本それを売るという価値は変わらない」という観点に基づいている側面があり、真っ当に考えて納得できるビジョンがほとんどです。また、「自分の得意領域に集中し、それを皆で毎日取り組み研鑽することで、とにかく良いものを作る」という文化が背景にあるのでしょう。

ビジョンを体験寄り添い型に変えていくことを考えると、組織全体が顧客に対して「良い体験」を提供し続け、ずっと寄り添っていかないといけないわけですから、「最終的に顧客にどのような体験を提供し、どのような状態になっているのか」というゴール状態を共有して仕事をする必要があります。つまり、「ビジョンの主語は社会や顧客」になります。主語と言っていますが、**要は顧客がどのような状態に**

なっているかを会社全体でイメージを共有できる言葉になっていればよく、「我々は顧客にこうなってもらう、社会をこのようにする」という言葉でも構いません。提供している体験価値を、端的に表現する必要があります。

状況志向化するビジネス

　次に、(2) 事業戦略のレイヤーに移ります。このレイヤーでは主に事業のセグメント、ターゲティング、ポジショニングなどを定義します。アフターデジタルへの変革で最も重要なことは、「人・属性」ターゲティングから、「状況」に基づいたターゲティングに変えていくことです。

　分かりやすくするために、マーケティングや広告を思い浮かべてみましょう。昔はマスコミュニケーションがメインで、誰が聞いているか見ているか分からないけれど、とにかく大衆に向かって広告を打ち、その結果、誰か分からないけれどお店に来て商品を買ってくれるといった状況でした。インターネットによってこれが変化し、PCでインターネットに接続している時はその人が誰だか分かるので、「F1層」といった言葉が表すように、特定の属性に向けておすすめ商品を変えたりコミュニケーションを変えたりすることが可能になりました。

　しかし現在では、IoT、モバイル、その他のセンサーが発達した結果、人間の属性をより細かく状況単位で捉えることができるようになっています。例えば、赤ん坊の面倒を見ている際、その子が泣き叫んでしまってどうすればいいのか分からない状況を想像してみましょう。これを解決しようとした場合、属性ターゲティングの時代なら基

本的には母親が直面する状況のため、ターゲットは母親になります。しかし甥っ子の面倒を見ている叔父や、孫の面倒を見ている祖父、新米のベビーシッターなどでも、同様な状況が発生します。そして現在、こういう状況が起こると私たちは、スマートフォンを取り出して知り合いに聞いたり、自分で調べて対処方法を探したり、熱があるようなら医療アプリで問診をしたり、といった行動を取ります。その意味では、インターネットへの常時接続によって、こうした様々な「小さい状況」をリアルタイムに捉えることが可能になっているのです（図表4-4）。

この話は「事業戦略レイヤーではなく、マーケティングのレイヤーではないか」という疑問があるかもしれません。**これを「事業戦略レイヤーである」**としているのは、「**市場の捉え方が状況志向に変わるから**」です。例えばビジネスの世界では、「マクドナルドの競合は誰

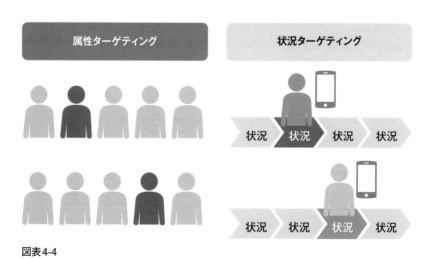

図表4-4

か」といった話がよくあります。モスバーガーやバーガーキングのようなハンバーガーチェーン店だけでなく、観点を変えれば、手軽に安く食事ができるコンビニや牛丼屋、時間つぶしや勉強が長時間できる図書館やファミレスが競合になります。これは、「顧客の置かれた状況に対して、どのような解決方法を提示しているか」という観点で整理しているわけです。特定の状況は、違う属性であっても共通して発生し、逆に1人の人間は複数の状況を抱えています。人や属性でターゲティングしてしまうと、これらを正しく捉えられなくなります。常時接続でいつでも顧客と接することができ、細かい状況やその人の置かれた日常が分かるようになると、こうした**状況指向での戦略規定が当たり前の時代になり、市場を概算するにも、事業を拡大するにも、こうした状況を捉えることが非常に重要**になります。

ジョブ理論と状況志向

　クレイトン・M・クリステンセン教授の著書『ジョブ理論 - イノベーションを予測可能にする消費のメカニズム』（原題Competing Against Luck: The Story of Innovation and Customer Choice）で展開されている戦略論とほぼ同じことを言っています。ここで言っている「状況志向での戦略規定」という考え方は、基本的にこのジョブ理論にならっています。「状況」という言葉をより深く理解するために、このジョブ理論を少しだけ触れたいと思います。

　ジョブというのは、ニーズをさらに深めたものに近く、先ほどのような「特定の状況に置かれた人」が持っている、「解決したい用事とか課題」を指しています。クリステンセン教授がよく例に挙げるのは、ミルクシェイクの事例です。

ミルクシェイクの売上を増やすプロジェクトが立ち上がると、最初に出てくる案は、フレーバーやトッピングを充実させる、顧客にどんなミルクシェイクが好きか聞いてみる、顧客をセグメント化してそれぞれ個別化してプロモーションをする、といったアイデアです。一般的な方法ばかりなので、クリステンセン教授のチームは、売れ行きがよい時間帯に顧客の行動観察を行ったそうです。この行動観察の結果、「朝8時はピークタイムであり、この時間帯は1人で来る男性客が多い」という発見がありました。

　そこで、実際にその男性客に「なぜミルクシェイクを買うのですか」と聞いてみると、「自動車通勤が1時間くらいあって退屈である」という共通した状況があることが分かり、その「通勤時間をなるべく楽しくしたい」というジョブを解決するために、ミルクシェイクを買っているらしいということが判明しました。「ミルクシェイクだと、ダラダラ楽しく飲んでいられるので最適」というわけです。仮にミルクシェイクじゃなかったら代わりに何を買うのかを尋ねると、スニッカーズだとベタベタするし、バナナだとすぐ終わってしまうし、ガムは悪くはないけどつまらない、ということで、ミルクシェイクが最適だというのです。

　こうしたジョブが発見されると、顧客は味や種類にはあまり興味はなく、運転中に片手で持てて、手に汚れがつかず、長持ちするものがよいわけですから、当然ソリューションは変わります。退屈な運転を紛らわしたい人に向けて、長持ちして溶けにくいミルクシェイクにして、一方余計なコストをかけないほうが良いので、種類はシンプルにし、セルフサービスにして自分で入れられるようにすることで、大きく売上も利益も伸ばすことができるわけです。

状況とジョブは表裏一体なので、状況が異なるとジョブが変わり、ソリューションも変わってきます。

　同じミルクシェイクの例を続けると、週末の夕方には子連れの父親がミルクシェイクを買いに来ていました。子どもの相手を1日中していると、どうしても叱ってしまうことがあり、親のストレスはたまってしまうもの。でも、せっかくの週末なので、1日の終わり近くに子どもにミルクシェイクを買ってあげることで、「優しい親の気分を味わう」こと。これが、彼らのジョブだったわけです。

　ジョブが発見されると、ソリューションは見えてきます。ミルクシェイクは粘り気があるので子どもが飲み終わるのには時間がかかります。親としては、ミルクシェイクでおなかいっぱいになってしまうと、夜ごはんが食べられなくなってしまうのは困るので、結局飲み終わらないうちに捨ててしまうケースもよくあったようです。今回のジョブは「優しい父親の気分を味わえればなんでもよい」というものであり、ミルクシェイクを買ってあげた事実さえあればよいので、早く飲めるように粘り気を落とし、子どもが喜ぶデザインにしたり、サイズを小さくしたりしたほうがいいといえます。

　「状況」には、ビジネスが成り立つような「大きな状況」もあれば、今すぐ対応すると顧客に感動を与えられるがビジネスが成り立つほどではない「小さな状況」もあります（ジョブ理論はイノベーションを生むための理論であり、基本的にはビジネスが成り立つ大きな状況に対応しています）。アフターデジタルを背景に行動データから様々なことが分かる時代になりつつあることを考えると、テクノロジーを活用して状況を把握し、その市場ボリュームを把握しながらビジネスを

組み立てることが今後の鍵になると考えています。

バリューチェーンからバリュージャーニーへ

次に、3段目の「ビジネスモデル」レイヤーの変革について説明します。従来の代表的なビジネスモデルは、商品を企画して、それを生産して、チャネル型で売っていく、という商品中心型で構成されていました。この場合、「製品がどれだけ売れるのか」が最大の論点になるので、機能が豊富、性能がいい、価格が安い、すぐに手に入るといったことが競争力となり、従来型のバリューチェーンを形作っていました。

アフターデジタルでは、なるべく高頻度で良い体験を提供することが優位ですので、**どうやってずっと顧客に寄り添うかが大切で、製品もただの接点の1つとして捉えるべきです。**すべての接点を1つのコンセプト（前述の全社ビジョンに当たるもの）の上に統合的にまとめて、顧客がずっとそこに乗り続けて企業がずっと寄り添うような、新しいバリュージャーニー型にビジネスが変化していると言えるでしょう（図表4-5）。ジャーニーという言葉は「長い旅行」のような意味合いです。顧客の体験を一から十まで追うようなイメージで使っており、顧客中心型でビジネスを考える際によく使われる「カスタマージャーニー」という言葉から転用しています。

今はやりのサブスクリプション型のビジネスも同様の潮流にあると考えています。例えば音楽分野では、昔はCDを買う・データを買うといった形で製品を消費していましたが、今はスポティファイやアップルミュージックのように、音楽を買うというよりむしろ月額固定料

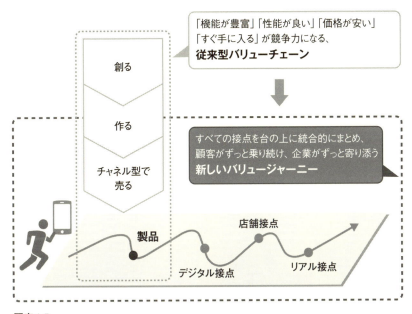

図表4-5

金で聞き放題です。音楽消費の価値自体も変化し、昔は好きなアーティストの曲を聴き続けることが多かったと思いますが、今では場の雰囲気に合わせた音楽をかけられることや、プレイリストを知り合いと共有できることなど、各状況に合わせた接点が設計されています。ずっと寄り添っていくビジネスの形という意味で、サブスクリプションはバリュージャーニーと同じ時代潮流にあると言えます。

なお、サブスクリプションモデルの導入支援企業Zuoraの創設者、ティエン・ツォは、サブスクリプションの時代が到来し、あらゆる業界に適用されるようになる、と言い続けていますが、彼の「サブスクリプション」は月額課金型ビジネスのことを指しているわけではな

く、「LTV型のビジネスにして、顧客IDとそのリアルタイムの行動が分かるようにしないと、デジタル起点の時代では生き残れない」ということを言っています。寄り添い続け、顧客を知り続けるからこそ、その顧客に良い体験が提供できるという意味で同じ考えを共有する同志と捉えています。

バリュージャーニー型において重要なのは、「いかにして顧客のジャーニーへの吸着度を高めるか」という部分です。ジャーニーへの吸着度を上げるには、OMOという考え方が重要になります。OMOではオンラインとオフラインを区別せずに「ジャーニー」として一括で取り扱い、オフライン行動もデータ化して統合的に活用します。第2章のビットオートの例でも解説したように、とにかく高頻度で有用なデータを取れる接点を獲得した後は、そのすべてのデータを集めて、データを各タッチポイント（プロダクトとサービスの接点）に返していくのです。これが早ければ早いほど顧客の体験が良くなり、接点が密であればあるほど顧客との吸着度が上がります。こうした「ジャーニーファースト」な運用の仕組みを作ることが、バリュージャーニーを回していく肝です。

なお、追うべきKPI（Key Performance Indicator）も変化します。モノ型のバリューチェーン時代は単年度の売上をどれだけ高められているかを追う必要がありますが、バリュージャーニー型ビジネスではいかに顧客に長くサービスを使ってもらえるかという点が重要になります。そのKPIとして有効なのは「NPS」でしょう。NPSとは「Net Promoter Score」の略であり、簡単に言えばロイヤルティ指標です。よく使われる顧客満足度（CS、Customer Satisfaction）は主に「不満がないか」を見る指標ですが、NPSはロイヤルティを測る指標で

す。例えば、「当社の製品・サービスを親しい友人・家族に勧める可能性はどの程度あるのかを0から10でお答えください」というシンプルな質問をした上で、9・10を付けた推奨者と6点以下を付けた批判者を比較し、その割合を数値としスコア化するものです。ジャーニー型のビジネスでは、自社のサービスから離脱されることが最も痛いわけです。NPSでその関係性が分かり、解約に至るまでの中間指標とすることができます。仮に特定ユーザーのNPSが10から7に下がった場合、「この人は離脱の可能性がある」というアラートを上げ、対応すべき対象とすることができます。

平安保険グループというベストプラクティス

　ここまで「(1) 全社戦略」「(2) 事業戦略」「(3) ビジネスモデル」の3つのレイヤーから変革後の姿を見てきました。こうした変革を成し遂げ、最も成功させた企業として、本書でも何度も取り上げている平安保険グループがあります。平安グッドドクターアプリの説明などから (2) 事業戦略や (3) ビジネスモデルの変化を説明済みですので、ここでは、平安保険を (1) 全社戦略の例として紹介します。

　平安保険グループ（平安ホールディングス）傘下に保険、銀行、投資という大きなカテゴリーがあり、それぞれの下に平安生命保険、平安損害保険、平安銀行といった形で、子会社が存在しています。さらにその下に、各子会社を支えるような形で平安テクノロジーや平安グッドドクターなどのテック系の子会社が存在しています（図表4-6）。

　顧客志向型の運用という意味では、この3つのレイヤーの役割は以下のようにはっきりしています。

```
                    中国平安
                    PING AN
             平安保険グループ（ホールディングス）

   ┌─────────────┐ ┌─────────────┐ ┌─────────────┐
   │    保険     │ │    銀行     │ │    投資     │
   │             │ │             │ │             │
   │ 平安生命保険 │ │  平安銀行   │ │  平安信託   │
   │ 平安健康保険 │ │             │ │  平安証券   │
   │ 平安損害保険 │ │             │ │ 平安投資管理 │
   │       など  │ │             │ │       など  │
   └─────────────┘ └─────────────┘ └─────────────┘

   ┌─────────────────────────────────────────────┐
   │             インターネット金融              │
   │                                             │
   │    平安テクノロジー    平安ワンウォレット   │
   │    平安グッドドクター  平安消費者金融       │
   │    陸金所（Lufax）          など            │
   └─────────────────────────────────────────────┘
```

図表4-6

- ホールディングス（図の上の層）…ビジョンレイヤーで統括し、**CX（Customer Experience、顧客と企業との関係性）の品質を管理する**
- 各子会社（図の中間の層）…各接点でのUXを管理し、**接点ごとの体験品質を高める**
- インターネット金融（図の下の層）…**テクノロジー基盤**として、各子会社を支える

　平安保険グループ（ホールディングス）では、CXを管理しています。ここでCXとは、バリュージャーニー全体における体験や、企業そのものに対する印象のような「顧客と企業の関係性」を指していま

す。年2回CX委員会と言われる経営陣10人程度で開催される委員会があり、そこで彼らはNPSの結果を見ながら、次の戦略立案や現状把握を行っています。当然NPSを集める実行部隊も存在し、CX委員会の下にPAUX（ピンアンユーザーエクスペリエンス部）というグループの横串部門があります。

　各子会社にはそれぞれ「UX部門」があり、商品、コールセンター、アプリなど、一つひとつの顧客接点をより良い体験にするために、個別接点の体験品質を管理しています。日本で「UX」というとデジタルの概念に限られ、マーケティングの下位概念のように捉えられているようなケースも見受けられますが、平安保険ではUXという概念の重要性を認識していて、ビジネス成功の要となる「すべての顧客接点における体験」と考えています。オフラインとオンラインの境目がない時代において、UXはすべての顧客接点の管理部門のような存在と捉えているのです。

　インターネット金融のセクションではテクノロジー基盤を提供し、AI、ビッグデータ、ブロックチェーン、クラウドの4部署に分かれ、自社のデータベースや自社システムを開発しています。平安保険では、開発されたシステムやデータベースはグループのどの会社でも利用できます。本章の冒頭で例示したLCCHも、2億人の行動データを抱える平安グッドドクターアプリも、すべてここに含まれます。

　平安保険は「物売りをして売上を追う」のではなく、「ジャーニー型のビジネスを展開し、平安保険を好きになってもらうことを重視する」という意思決定をしたのですが、当初はなかなかそのように組織を動かすことはできませんでした。保険、銀行、投資の各社は結局、

単年度の商品販売にコミットしており、「ジャーニー型のビジネスに転換して平安保険グループ全体へのロイヤルティを高めていく」ことの優先度は非常に低い状態でした。各子会社トップのレベルでは、グループ全体のロイヤルティを追いかけることに納得できなかったのです。現場レベルでは、直近の目標を達成するために「UXコンサルティングを活用し、将来に必要となるビジネスモデルに活用すべきだ」と話してもまったく理解できなかったと言います。

最終的には上記のような組織構成に変更することに成功しましたが、非常に苦しい変革だったようです。内部の方に聞いた話では、各子会社のCEOが方針に従うことができない、または体験型の思考に移れず、単年度の物売りの思考から離れられない場合、そのCEOを解雇し、UX業務経験がある人を上に据える人事まで行ったそうです。

今では、平安保険グループは中国の私企業でアリババ、テンセントについで3位にまで成長しています。

4-3 日本企業が変わるには

平安保険と同じ方法を踏襲できるのか

日本企業をジャーニー型に変えるには、どこから手を付ければよいのでしょうか。「トップが大号令をかけて意思決定しないと変われ

わけがない」と考える方が多いかもしれませんが、実際の変革となると、現場の抵抗勢力が強くて変われない、ということが起こります。私（藤井）のコンサルティング経験からも、日本で平安保険のようにトップダウンで変えようとしても、実際はかなり難しいと思います。

中国企業は組織構造の上方に権力が集中していることが多いため、トップダウンでの大改革が比較的容易です。日本企業の場合は、しっかりとしたピラミッド型の構造のため、変革の大号令をかけても、下が反発したり、余計な時間がかかったりします。そして時間がかかりすぎると今度は、「3年たっても成果が上がらない」と言われて失敗扱いされ、社長が交代して方針が変わり結局は実現しない、といったことになりがちです。

日本では「変革だ！」と大号令を発して大規模に動くのではなく、体験向上型、すなわちエクスペリエンス型にやり方を小さく変え、改善ループを回して成功事例を作る、ボトムアップ型で進めるほうがうまくいきます。このボトムアップ型変革によって小さい成功事例をコツコツ積み上げるやり方の要点は、次の4点になります。

1. 経営レベルがアフターデジタルの世界観を理解し、OMO型でデジタルトランスフォーメーションを行う必要があると認識する。
2. 社長－役員－部長－現場で、同じイメージを共有して実行するラインを作る（デジタル部門などが対象になることが多い）。
3. 行動データ×エクスペリエンスのクイックウィン（小さい成功）を作り、上が引き立ててムーブメントにしていく。
4. 成功事例を大義名分に、組織構造やデータインフラを整える大きな動きにしていく。

日本企業はどうしても逆OMO型、ビフォアデジタル的な考え方でトランスフォーメーションをしようとするので、まずはトップをはじめ経営レベルが認識を改める必要があります。この本で説明してきたようなアフターデジタルの世界観を理解し、「OMO型でデジタルトランスフォーメーションを行う必要がある」と認識する必要があります。そうでないと、立脚点を間違えた状態でデジタルトランスフォーメーションを行うことになります。

ボトムアップ型変革とイメージ共有

　変革がうまく進んでいる企業は、会社全体に大号令をかけるのではなく、**社長以下、特定の役員・部長・現場が「変革ライン」として1本でつながっています**。同じセミナーを全員で受けたり、重要メンバーでデジタル先進国への視察を行ったりして、**変革ラインのメンバーで同じイメージを共有します。この目線合わせは非常に重要です**。意志を持った部長層が役員クラスのメンバーを連れて中国視察に来て、同じ状況を目の当たりにし、上長自ら変革意志を持つケースもあります。

　電通デジタルのリサーチ結果では、デジタル変革において「**経営層と実務責任者（部長クラス）の持っている課題意識に大きな差がある**」と指摘しています。図表4-7のグラフから読み取れるように、経営層は投資コストやデータの取り扱いにおけるリスクを気にかけている一方、実務責任を負う部長クラスは、ビジネスラインとITとの溝や、デジタル変革後の業務におけるケイパビリティ不足を懸念しています。

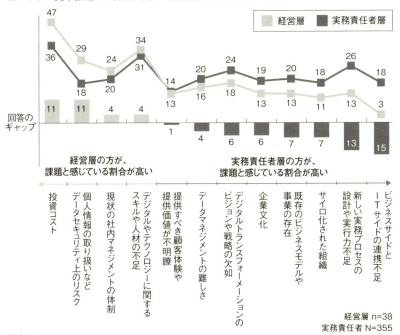

図表4-7
出所：電通デジタル
https://www.dentsudigital.co.jp/release/2018/1214-00341/index.html

　理想は売り切り型からリカーリング（継続収益）型に変更することですが、突然「今日から単月の売上成果は追いません。お客さんが喜んでくれることだけをするために、体験を磨きこみましょう」といっても理解してもらえませんし、机上の空論にしか見えないと思います。「本当にそれでうまくいく」という確証がないと踏み切れないものです。

　そのためには、なるべく早く明確な成果を出す必要があります。部

長と現場で同じイメージを共有できれば、部長や現場の人たちがどんどんムーブメントとして起こし、行動データを活用したエクスペリエンス型の成功事例を作って成果を出していきます。そうした成果が複数出始めると、成功が大義名分となり、社長が他の部署に「ここで良い成功事例がたくさん出ているので、みんなも学ぶように」と引き立て、「やってみよう」と思い立った部署がムーブメントを大きくし、やがて組織を動かすことになります。多くの組織が動き出せば全社的なデータインフラ整備も進み、さらに大きな動きになっていきます。

おそらく、規模が小さい会社や、社長の権限が非常に強い会社であれば、一気に変えることもできると思いますが、筆者らの経験から考えると、全社戦略レイヤーからビジネスモデルレイヤーという上から下ではなく、下から、つまり、短期でも成果の出やすいビジネスモデルのレイヤーから着手するのがよい方法だと思われます。

バリュージャーニーをどうやって作るのか

ビジネスモデルから変革する場合、まずはバリュージャーニー型のビジネスモデルを作ります。ここで重要なことは、「2つの活動と1つのチーム」であると考えています。**2つの活動とは「UXグロースハック」と「UXイノベーション」**（図表4-8）で、**必要な1つのチームは「グロースチーム」**です。

「UXグロースハック」とは、あらゆる企業が現時点で持っている顧客接点（ウェブサイトやアプリ、店舗など）から行動データを取得し、活用し、体験を改善することでビジネス成果を上げていくことを指します。行動データではなくてもいいので、まずは既存接点に

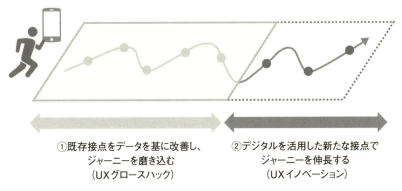

①既存接点をデータを基に改善し、ジャーニーを磨き込む（UXグロースハック）

②デジタルを活用した新たな接点でジャーニーを伸長する（UXイノベーション）

図表4-8

フォーカスし、バリュージャーニー型ビジネスの運用方法である「行動データ×エクスペリエンス」のループを作れるようになることが第1歩です。

「UXイノベーション」とは、デジタルを活用した新しい接点を作ってジャーニーを伸ばしていくことを指します。例えばアマゾンやアリババを例に取ると、これまでEC業を中心にやっていたわけですが、現在はアマゾン GOやOMO型スーパーマーケットであるフーマーのような「デジタルを活用した新しい接点」を作っており、これらは典型的なUXイノベーションです。忘れてはならないことは、接点を作って行動データを取ることであり、何のデータも取れない新たな接点を作っても、それはUXイノベーションではありません。

こうした2つの活動を行い、ユーザー視点でとにかく高速に成果を出していくチームのことを「グロースチーム」と言います。グロースチームがUXグロースハックとUXイノベーションを行う状態が、ボ

トムアップでジャーニー型ビジネスを目指す日本的なデジタルトランスフォーメーションの第1歩として理想的である、ということです。実は「グロースチーム」という言葉は2014年頃に日本で一度はやりましたが、その時は、コンバージョン改善を行うウェブ改善チームといった意味で使われており、ここで指摘しているグロースチームとは別物です。

グロースチームは組織横断でとにかく事業を成長させていくチームであり、設定したゴールに向かって高速で改善していくため、1つのスモールユニットに「エンジニア」「データサイエンティスト」「UXデザイナー」の3つの機能を持たせます。例えばフェイスブックでは200人〜300人ほどで運営し、エンジニア、デザイナー、コンテントストラテジスト、データサイエンティスト、グロースマーケターといった役職があります。エンジニアの占める割合は1/3です。

ユーザー行動を見て問題点を見つけるというようなUXの基本は、上記の全員ができるそうです。中国のタクシー配車サービス、ディディでも、「UXを専門にやる人はいない。なぜなら全員がUXデザイナーの視点を持っているスペシャリストだからだ」と話していました。先進企業ではすでに、「体験の重要性が高まっている時代において、UXという概念は全員が持っていて当たり前」という領域に達していることが分かります。

往々にして企業は、UXイノベーションからやろうとする傾向があります。「大きく変えないといけない」というプレッシャーや思い込みから、他社の新しい事例を見ると類似のビジネスや新規性の強い事業を立ち上げようとしてしまいます。ただそうすると、そもそも行動

データを利用したビジネス自体に慣れておらず、作ってもバリュージャーニーやOMOという概念を使いこなせずにうまくいかないケースが見られます。また、システム基盤を構築しようにも予算不足になるケースが頻発します。アリババが手掛けるフーマーの例を見ると、元来持っていたECやペイメントの領域におけるUXグロースハックの経験があるからこそ、たまった行動データをうまく使え、それを支えるシステム基盤や技術が十分にあったのでフーマーを成功させることができました。**新規性のある「イノベーション」に目が行きがちですが、実はUXグロースハックをしっかり実施し、行動データを使いこなせる段階にまで仕上げて、そこから得られた資産をUXイノベーションに活用することが重要**です。

UXグロースハックとは

UXグロースハックを端的に説明すれば、**とにかく行動データを使ってエクスペリエンスを良いものにし、エクスペリエンスが良いので行動データが集まる、というループをとにかく高速で作る人たち・作る活動**のことです。もう少し具体的に言うと、店舗、ウェブサイト、アプリ、コールセンター、カタログなど、既存の顧客との接点が土台としてあり、そこから得られたデータを顧客データベースにため、それをデータ集計し、分析して企画を練り、各接点における施策に落とし込んで実行し、さらにたまったデータを同じように集計し…というループを高速に回すことです（図表4-9）。

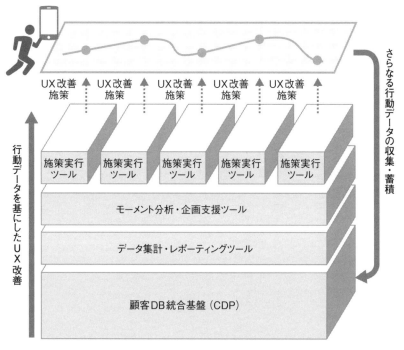

図表4-9

　データ分析の基盤整備でボトルネックになりやすいのは、企画支援・分析企画支援の部分です。大きく2パターンあり、**得られたデータからAIで自動処理して個別のユーザーの特性に合わせていく「UX最適化」**と、提供している体験や機能自体を変更・改善する「UX企画」に分けられます。グロースチームが行うのは後者になります。現状データドリブンマーケティングの潮流に乗って、様々な企業が前者の「最適化」のシステム整備を進めています。顧客のデータベースとして顧客DB統合基盤（CDP、カスタマーデータプラットフォーム）があり、データ集計タブローのようなBIツールがあり、試作の実行

ではマーケティングオートメーションツールが相当数あります。個別のユーザーに1 to 1で自動最適化する点では多くの企業が基盤を整え始めている状態ですが、**それでもビジネスが変わっていかないのはなぜかというと、自動最適化しても「より自分に合ったものが提供されていくだけ」**であり、そもそものサービスの価値、**体験価値は改善されないからです**。このとき、行動データを基に成長の種を見つけ、それを育てていく「企画」を行うUXグロースハックが必要になるのですが、適切な分析企画を支援する業務基盤がないと普通の人では取り組めず、専門性の高いエキスパートにしかできない業務となっているのが現状と言えるでしょう。今後どうなるかは分かりませんが、少なくとも現在はこの領域をAIに任せることは難しく、まだ人が行うものです。一般スタッフがUXベースでの分析企画をすることができず、支援ツールもないため、一部のエキスパートがいる会社だけが成功し、一握りのデータサイエンティストだけが分析できるので企画や施策に落ち切らず、内容が理解されずに実行されないで終わるといったことが発生しているのです。

今必要な業務としての「モーメント分析」

新しい時代においては「**行動データから体験を企画する**」というケイパビリティが必要です。ここで重要となるのが、「**行動データとは何か**」という捉え方を変えることです。

数値集計データのようなものは既に様々な企業において可視化されているケースが多く、「データは持っている、可視化はできている」として、対応済みの判子を押しがちです。しかし、「データからユーザーの置かれている状況を理解して改善の手を打つ」というのは正直至難

の業で、膨大な量のデータをひも解いて実際にエクスペリエンス改善に使うというのは、数字への抵抗があるスタッフには難しかったり、平均化しようとすると特徴が平均化しデータとして使えなくなったり、因果を読み解くのが難しかったりで、データサイエンティストでないとまともに活用できないという状況です。データサイエンティストは特に日本では不足していますし、データサイエンティストを大量に採用することは難しく、逆にデータサイエンティストを採用したからといってすぐに改善ループが回るわけでもありません。**「難解で扱いにくいデータ」は活用可能な行動データとは言えず、行動データの捉え方（保持の仕方、見せ方）を、一般の人にも使いやすい、時系列で並べた「モーメントデータ」に変える必要があります**（図表4-10）。

個別のユーザーごとに、時系列で何をしたかが並んでいる「モーメ

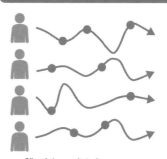

図表4-10

ントデータ」は、平安保険の「タイムライン」と同じ考え方です。時系列で行動が可視化されると、ユーザーの置かれた状況や文脈がイメージ・類推できるようになるため、因果関係が分かりやすくなります。こうなると、一般の社員でも分析や企画が格段に実行しやすくなるわけです。

　これはある意味、デジタルでも定性的な調査、分析が可能になっていることを示していますが、さらに一段踏み込むと、「一人ひとりのユーザーを見る」だけではまだ粒度が粗く、体験の企画に使いにくいことを意味しています。一人ひとりのユーザーに着目することは間違っていませんが、さらにそこから粒度を細かくして「モーメント」に着目するべきなのです。**状況指向の時代、および「行動データ×エクスペリエンス」の時代において、分析や企画をする際には一人ひとりの「人」よりも、もっと細かい「モーメント」単位で見ていく必要があり、この分析を「モーメント分析」と呼んでいます。**

　モーメントとは、「人々に特定の状況が発生し、そこから派生した行動が終わるまでのこと」を指しています。グーグルの提唱する「マイクロモーメント」よりも少し時間が長い概念です。例えば「家の冷蔵庫にある牛乳が切れてしまって補充しなければいけない」という状況が発生したら、「どこで買おうかと考え、近くのコンビニでいいやと思い、その購買が終わるまで」を1つのモーメントとしています。個別のモーメント、つまり例にあげた牛乳のケースや、赤ん坊が泣きわめいて困ってしまうといったケースは、様々な人に共通して発生します。共通するモーメントに着目すると、ユーザーが困っているモーメントを見つけた場合「どれくらいそのモーメントがたくさん発生しているか」というモーメントのボリュームによって優先度付けを行う

ことができますし、これは状況志向化するビジネスでお伝えした、人ではなく状況ベースで市場規模を見ることを細かいレベルで行っていると言えます。

　行動データが大量に出てくると、当然AIで解析することが必要になります。この時にAIが抽出すべきものは、「特徴的なモーメント」や「体験の不和がある共通モーメント」になるでしょう。AIが高速に抽出した問題や特徴をベースに、人間が企画立案することで、高速にUXグロースハックを回すことができるようになります。

　一方で、集計データの分析も、一人ひとりに対する1 to 1の個別マーケティングも、依然として必要であることは改めて強調しておきます。特に大量データを扱い、AIで処理することが可能になった現在では、一人ひとりの個別最適の自動化は重要性が高いです。これができるからこそ、フーマーのように3km圏内にいるすべてのユーザーの好みに合わせておすすめやアプリの画面を変えたり、グッドドクターアプリのようにその人にあった最適なタイミングで最適なコミュニケーションを図ることができたりするのです。

　ただし、これはあくまでも「サービスの運用」や「ビジネスモデル」の話です。それとは別に、新たなビジネスを作ってさらなる改善を図るにはモーメントに着目し、不自然な行動やよくある行動パターンから人間が発想していくことが必要だと考えています。人々の置かれた状況に想いをはせて企画することは、引き続き人間が担う大きな役割でしょう。

UXイノベーションとは

　既存接点の改善を行っていくUXグロースハックに対し、デジタルを活用した新たな顧客接点を作る「UXイノベーション」は、一朝一夕には成し遂げられない実現難易度の高い概念です。ジョブ理論において説明したミルクシェイクは商品開発の話でしたが、この方法をジャーニー型のビジネスに援用する形になります。

　ビジネスプランや新たなサービスにおいて頻発する落胆すべきことは、「ビジネス視点ばかりを考え、利用者のメリットが考えられていないこと」でしょう。キャッシュレスも同様です。企業がデータを欲しがることは分かるのですが、人々に新しいサービスを使ってもらうために、どうやって重い腰を上げさせるのかを真剣に考えていないケースをよく見ます。

　ここで、テンセントが当時どのようにしてウィチャットペイを広めたのかを例に挙げたいと思います。

　テンセントは最初、「モバイルで支払えること自体の面白さ」を感じてもらえるテックギーク（テクノロジーがオタクレベルで好きな人たち）を中心に広めていきました。一定のテックギークの人たちに使ってもらえるようになった段階で、もっと広く一般の人に使ってもらうために、テックギークを発信源として、ホンバオ（紅包、日本でいうお年玉）を配ってもらえるような仕掛けを作ったのです。ウィチャット・グループ（LINEのグループと同じで、メッセージを送りあえるグループのこと）に、「先着3人が100元を受け取れるお年玉」といった機能を提供し、このゲーム性の楽しさでいろんな人がお遊び

でこれをやるようになりました。一定程度広まってくると、自然とウィチャットの中にお金がたまる状態になります。コミュニケーションでいつも使うアプリにお金が入っているとなると、使ってみようとしたり、銀行口座とつなげて銀行にお金を入れたりするようになりました。こうしてウィチャットペイは広まったのです。

　特定のターゲットを震源地に、彼らが楽しくなるような体験を提供し、そこから一般に広げていくというテンセントの手法は、もともとゲーム会社であるこの会社のユニークさが光ります。ここで強調したいのは、「特定の状況に置かれた人たちが夢中になったり、便利だと思ったり、得をしたりするようなコア体験を提供し、利用障壁を乗り越える」という彼らの考え方です。「デジタルを活用した接点を作る」ことは結果であって、UXイノベーションの本質は、人々がずっとその新たな接点を使ってくれるのかどうかにあります。つまりは**「顧客の置かれた状況の発見と、それをより幸せにするようなコア体験をいかに作るか」**にあります。

　このコア体験を作り出すのは難易度の高い職人芸ですが、いくつか要点をあげると、以下のようなポイントがあげられます。

・体験の連続性
・行動観察
・デザインシンキング

　「体験の連続性」とは、事業のドメイン選定とほぼ同義です。新しい顧客接点を作る場合、他の接点との連続性がないと顧客は使いません。突然カーメーカーがお酒を造り始めても、顧客から見たら血迷っ

たようにしか見えないでしょう。参考になるのは平安グッドドクターアプリです。「問診と病院予約」というコア体験を軸に、健康情報の発信、医薬品や健康食品の販売、歩くともらえるポイントによる健康習慣、といった体験が隣接している領域をつなぎ合わせることで、ユーザーはこれらを使ってくれるのです。

「行動観察」は、ミルクシェイクの事例で説明したような「ユーザーの行動を観察して発見点を得ること」ですが、同時に「人の発言を信用してはならない」ということを意味しています。人は、嘘をつくつもりはなくても、自分のニーズや本当にやりたいこと、欲しいものを言葉にできるとは限りませんし、気を使ったり空気を読んだりして本心を話してくれないことも往々にしてあります。こうした属人的な問題を外して考えるには、「人の行動を観察し、そこから発見点を得る」方法が最も有効です。これは、モーメントを見ることと実はほぼ同義なのですが、ことUXイノベーションにおいては「新しい状況」を発見する必要があるので、デジタル上ではなく、街に出たり現場に出たりして観察する手法が引き続き重視されています。

最後に「デザインシンキング」です。デザインシンキング自体は広い概念ですが、ここでは主に「プロトタイプを使った試行錯誤」を意味しています。人は自分のニーズを正しく話すことはできませんが、目の前に商品やアプリを差し出されて、それを使ってみた結果「こんなものがあったらどう思いますか?」と聞かれると、よりリアルかつ正しいフィードバックを得ることができます。思いついたアイデアはなるべく早く、簡単でいいので具現化して、対象のユーザーに想定している状況で利用してもらうのです。そうすれば、サービスや商品が本当に使われ続け得るものかどうかが分かります。

4-4 つながる世界での私たちのポテンシャル

　アフターデジタル型に世の中が変わることで、ビジネスもOMOに変わります。顧客に提供する体験がよくなり、行動データが取得でき、接点に返すというループが回り、エクスペリエンスの競争社会となります。エクスペリエンス型競争社会では、エクスペリエンス×行動データの変革を行うことが重要になるため、それを行うためのビジネスモデルとしてOMO型バリュージャーニーのビジネスに変える必要があります。日本におけるこの活動の肝は、「グロースチームによってUXグロースハックとUXイノベーションを行うというボトムアップ型アプローチである」というのが私たちの主張です。

　中国を中心に世界で起きていることを基に、これから私たちが考えるべきことが何なのかをお伝えしてきました。日本がとても遅れていて、追いつき追い越すにはハードルが高過ぎるように感じてしまう方がいるかもしれませんが、**日本企業は立脚点を間違える、つまりビフォアデジタルで考えてしまいがちなだけで、非常に高いポテンシャルを持っている**と思っていますし、これまでやってきたことが無駄になるわけではないと思います。

　OMOを実践するには、デジタルテクノロジーと人や場所というリアル接点の融合を考える必要があります。中国の得意な「体験」は、デジタルサービスにおける利便性およびインセンティブ、つまり「便利、お得」に寄っていて、これは接点頻度を重視しているからと考え

られます。14億も人がいるので、なるべく裾野に広がることを考えていて、結果、分かりやすくて便利、分かりやすくて得なほうに皆ついていくわけです。

一方で日本の得意な「体験」は、人による個別対応です。これはカスタマーサクセスでいうハイタッチを指していますが、ハイタッチはせっかく人が個別対応できる接点なので、「信頼、感動」が必要です。思いやり、もったいない、せっかくの機会といった、英語にしにくいような日本的な言葉が示すように、対面での心遣いの品質はどう考えても日本のほうが高いと思います。

拡大したテックタッチは、顧客にとっての「最適なタイミング、コンテンツ、コミュニケーション」を捉えられるようになり、最適なタイミングに接点を持てるその即時性はとてつもなく高い価値を生みます。これで一気に発展したのは中国ですが、仮にそれで得られた**最適なタイミングで、ユーザーに対して日本らしい「人の手厚い個別対応や心遣い」を補うことができれば、私たちは「世界最高の良い体験」を提供できるようになるでしょう**。

この実現において最も重要なのは、アフターデジタルへの視点転換です。だからこそ、本書のタイトルを「アフターデジタル」にしています。日本でもアフターデジタルやOMOという言葉を当たり前になる時が早く来ることを、切に願っています。

【あとがき】

デジタルは人の善さを引き出し、コツコツが認められる社会のために

尾原和啓です。本書を読んでいただき、ありがとうございます。

本文の前に「あとがき」を読まれる方、はじめまして(私もそのタイプです。この本はとにかく変化の兆しを読み解くヒントを満載していますので、パラパラめくって気になる個所が何個か見つかれば、買って読んでいただくに足る本だと思います)。

本書を通して、「デジタルトランスフォーメーション」「キャッシュレス革命」「AI、データが石油になる時代」といった言葉に「どうなるのだろう?」という不安ではなく、「こうしたい」という希望をもっていただけたらうれしいです

Whatではなく、WhyとHowを

少しだけ自己紹介をさせてください。私はグーグル、リクルート、楽天といったプラットフォーマーで新規事業や事業開発を歴任してきました。「テクノロジーは笑顔を増やして自己実現を加速する」と信じて、その一端になればと今もいろんな企業のお手伝いをさせていただいています。

・グーグルは欲しい情報をどこでも簡単に入手できるようになることで
・リクルートは人生において、まだ見ぬ選択肢を提供できるように

・楽天市場は地方の魅力ある食品・商品を物語とセットで全世界に

　それぞれ邁進している彼らのWhyが大好きで仲間にさせていただけました。

　今世の中は、AIの発達とともに、金融資本主義からデータ資本主義に移り変わり、データを握る会社－GAFA、アリババ、テンセントなど－が時価総額上位を独占しています。こういったデータ資本主義がネットだけでなくリアルも上書きしていく時代に入ってきていて、それがゆえに「データを独占した企業に支配されるのではないか？」「支配される前に我々もプラットフォーマーにならなければ」「デジタルトランスフォーメーションしなければ」といった恐怖から、「プラットフォーマー」「デジタルトランスフォーメーション」という2つの名詞が各所で踊っているように思います。

　一方で、今起きているネットを前提としたリアルの変化OMOの先端企業を、ビービットさんの導きで、中国、エストニア、シリコンバレーとつぶさに見てきた結果、見えてきたことがあります。それは、彼らは企業だけでなく、また、人の立ち振る舞いだけでなく、国の在り方をも変える思いを持ってやっており（中国がここ数年で礼儀正しくなった！　とは今や良く聞くお話ですね）、その裏側の経営では、欧米でいわれていた原理を数々アップデートしながら日々（本当に日々）進化していっています。

「変化する時代に地図は役に立たず、必要なのはコンパスだ」

というのは、MITメディアラボの所長　伊藤穰一さんの言葉です。

デジタルはリアルをすべて上書きしていきます。

技術は想像を超えて日々進化していきます。

その時代に大事なことは、コンパスとして「我々はどの方向に向かいたいのか？」という「Why」と日々の進化に通底する原理「How」です。

「価値」＝「違い」×「理解」 見えない未来を楽しむために

とはいえ、地図のない冒険は不安でいっぱいです。その時に大事なのは

「価値」＝「違い」×「理解」

という公式です。これはアクティブラーニングの羽根さんに教えていただいたものなのですが、同じものばかりが並んでいたら人はどれか一つに価値を感じませんよね。違うから価値を感じるわけです。でもその違いが大き過ぎて理解を越えてしまうと価値が伝わらないどころか、不安や恐怖が生じ、マイナスの価値を感じて閉ざしてしまいがちです。

今、中国、エストニアなどで起きていることは理解を超えるくらいの変化です。なので、中国は共産圏だから、エストニアは小国だから、と蓋をしやすくなってしまうのですが、本書をきっかけとして「理解」を増やす原理を身につけることで、違いを価値に変えて地図のない冒険を一緒に楽しんでいければです。

アフターデジタルの原理は
データの巨人と付き合っていくためにも

　Whyや原理を知ることで「理解」の幅を広げることは、ご自身のデジタルトランスフォーメーションを進めていく冒険の旅のためだけでなく、GAFAや今後台頭するデータの巨人と付き合っていくためにも非常に重要なことです。今起きている変化はあまりに大き過ぎるため、恐怖から、せっかくの進化を止めるようなブレーキをかけてしまうときもあります。もちろん、データ資本主義の台頭は第3章で書いたように副作用を生じます。なので大事なことは、彼らの原理を理解することであり、すべてを止めるのではなく、共に律し合っていくことです。またAPIですべてがつながっていく時代では、巨人を理解することで進化を先回りし、あなたならではの新しい場をつくることもできるかもしれません。今から起きるデータ資本主義の巨人たちは敵ではなく、共律共存する仲間として楽しんでいければです。

探求の冒険は続きます

　変化が前提の時代ではどんどん新しい原理が現れます。実際この本を執筆している途中でも「あれ足したいね」「これを足したいね」と止まらなくて、編集の方を困らせるくらいです。

　「まえがき」にあるように、本書はビービットの藤井さんとの共著です（というか、藤井さんは中国にて変化の最前線の企業とアップデートし続けているので、本書のネタは、ほぼ藤井さんによるものです）。

本書がきっかけになったり、アフターデジタルへの冒険を続けるヒントになったりすれば、うれしいです。ビービットさんのブログ（https://trillionsmiles.com/）にて、対談やインタビューを掲載していきますし、私自身のオンライン講義 https://camp-fire.jp/projects/view/67985 でもアップデートしていただければです。こういった内容は、尾原（@kazobara）や藤井（@numerofujii）のツイッターで告知していきますので、フォローしていただければです。また、本書の感想を「#アフターデジタル」で投稿していただければすべて見てますので、そこからの化学反応も楽しみにしております。

最後に

　本作を書くに当たり、本当にたくさんの方々に支えられました。

　担当編集の松山貴之さんには遅れ続けアップデートされ続ける原稿を待っていただきながら支えていただきました。

　ライターの鈴木杏子さんにはこの難解な内容を怒涛の勢いでしゃべり続ける尾原と藤井になんとかついてきていただき、形にしていただきました。

　田村耕太郎先生にはアジアの中国の地政学、最前線の先生をご紹介いただけ、田村先生の知見なしには本書の深みはたどりつけませんでした。

　小山薫堂さんには風邪の高熱にもかかわらず中国T社での素晴らしい講演で彼らの深いインサイトを引き出すことができ、本書の大きな

柱の1つとなりました。

　はい、最後までおつきあいいただけてありがとうございます。これからもデジタルが人の善さを引き出し、コツコツが認められる社会になっていくための冒険を皆さんとご一緒できたらうれしいです。

2019年1月　共同著者を代表して
尾原 和啓

藤井 保文（ふじい やすふみ）

株式会社ビービット 東アジア営業責任者／エクスペリエンスデザイナー
1984年生まれ。東京大学大学院学際情報学府情報学環修士課程修了。2011年、ビービットにコンサルタントとして入社し、金融、教育、ECなどさまざまな企業のデジタルUX改善を支援。 2014年に台北支社、2017年から上海支社に勤務し、現在は現地の日系クライアントに対し、モノ指向企業からエクスペリエンス指向企業への変革を支援する「エクスペリエンス・デザイン・コンサルティング」を行っている。2018年8月には『平安保険グループの衝撃──顧客志向NPS経営のベストプラクティス』を監修・出版。2018年9月からはニューズピックスにおいて、中国ビジネスに関するプロピッカーを務める。

尾原 和啓（おばら かずひろ）

IT批評家、藤原投資顧問 書生
1970年生まれ。京都大学大学院工学研究科応用人工知能論講座修了。マッキンゼー・アンド・カンパニーにてキャリアをスタートし、NTTドコモのiモード事業立ち上げ支援、リクルート、ケイ・ラボラトリー（現：KLab、取締役）、コーポレートディレクション、サイバード、電子金券開発、リクルート（2回目）、オプト、Google、楽天（執行役員）の事業企画、投資、新規事業に従事。経済産業省対外通商政策委員、産業総合研究所人工知能センターアドバイザーなどを歴任。著書「ザ・プラットフォーム」（NHK出版新書）はKindleビジネス書1位（15/6/11 Kindleランキング）、「ITビジネスの原理」（NHK出版）は2014年、2015年連続Top10のロングセラー（2014年7位、2015年8位）

アフターデジタル

2019年3月25日　第1版第 1刷発行
2020年6月17日　　　　　第14刷発行

　著　者　藤井 保文、尾原 和啓
　発行者　吉田 琢也
　発　行　日経BP
　発　売　日経BPマーケティング
　　　　　〒105-8308　東京都港区虎ノ門4-3-12
　装　丁　bookwall
　制　作　日経BPコンサルティング
　印刷・製本　大日本印刷

ⓒ beBit,Inc. 2019　Printed in Japan
ISBN978-4-296-10162-7

本書の無断複写・複製（コピー等）は著作権法上の例外を除き、禁じられています。購入者以外の第三者
による電子データ化及び電子書籍化は、私的使用を含め一切認められておりません。
本書籍に関するお問い合わせ、ご連絡は下記にて承ります。
https://nkbp.jp/booksQA